川上流云

中国文化名人琐记

张建智 著

SPM 南方出版传媒
广东人民出版社
·广州·

图书在版编目（CIP）数据

川上流云：中国文化名人琐记/张建智著. —广州：广东人民出版社，2016. 6
ISBN 978-7-218-10642-7

Ⅰ. ①川… Ⅱ. ①张… Ⅲ. ①文化—名人—生平事迹—中国—现代 Ⅳ. ①K825.4

中国版本图书馆CIP数据核字（2015）第301378号

CHUAN SHANG LIU YUN ZHONG GUO WEN HUA MING REN SUO JI
川上流云：中国文化名人琐记　　张建智　著

出 版 人：曾　莹

责任编辑：黄洁华　梁　晖
装帧设计：林小玲
责任技编：周　杰　黎碧霞

出版发行：广东人民出版社
地　　址：广州市大沙头四马路10号（邮政编码：510102）
电　　话：（020）83798714（总编室）
传　　真：（020）83780199
网　　址：http://www. gdpph. com
印　　刷：恒美印务（广州）有限公司
开　　本：889毫米×1194毫米　1/32
印　　张：8　　字　　数：175千
版　　次：2016年6月第1版　2016年6月第1次印刷
定　　价：38.00元

如发现印装质量问题，影响阅读，请与出版社(020-83795749)联系调换。
售书热线：（020）83795240

序

我与建智相识于20世纪初，其时湖州举办首届“笔墨江南”艺术节，细雨迷蒙，春寒料峭，然而却更能体现烟雨江南的神韵。

他虽然是市府外事部门的文职人员，公务很忙，经常要出差于海内外各地，但却能在公余笔耕不辍，逐年都有佳作问世，题材之广，知人阅世之深，乃至文字隽永，都能赢得众多读者沉迷。

建智尤其善于随笔，信手拈来，自得其乐，而言志寓意若隐若现，更加耐人阅读。《川上流云——中国文化名人琐记》（以下简称《川上流云》）是他即将出版的散文结集，共收入对晚清以来中国文化名人的纪念文章30篇。我逐篇阅读以后，有两个印象特别深刻，一是其阅读数量之大，一是其乡土情结之深。

先言阅读数量之大。30篇文章，虽然大多短小精悍，但知识信息涵蕴极为丰富，对于其人其事，来龙去脉，均有系统梳理。有些人是作者早有专著问世者，如张静江、王世襄等，写来自然是厚积薄发，举重若轻。即以他人相关论著已多者，如鲁迅、巴金、陈梦家、陆文夫等，亦能择新视角、新视野，不落前人窠臼，必须熟读深究始能如此从容书写。正如近代大藏书家周越然的一本书名《书书书》那样，建智本人也是一位大书迷，阅书、淘书、藏书、印书，朝夕以书为伴，以书为乐，虽茶余饭后，旅游途中，亦多以议论各大藏书楼为赏心乐事。因此，《川上流云》似可作为近代中国藏书史与阅读史供人们参考。

再言乡土情结之深。建智是土生土长的南浔文士，因此书中所涉及的人物大多属于浙籍、湖籍，特别是南浔本地的文化乡贤，从陆心源、王世襄、吴藕汀、沈家本，直到周越然、卢芹斋、徐迟、金隄，都是江南水乡孕育成长的灵性才俊。建智与这些前辈大家多数曾经接触，有些还成为忘年之交，以文会友，以书结缘，情深意挚，终生不渝。因此，《川上流云》书写这些人物，形象丰满，性格突出，常常于细微处显其精神，寥寥数笔，惟妙惟肖。建智不仅善于写人，而且善于写景，特别是写这些人物的栖息处所，更增加这些短文的真切感与亲和气氛。正是这样浓郁的乡土情结，更使我对《川上流云》反复赏析流连忘返。

我的祖籍是湖州荻港，原属菱湖区菱湖镇，后因菱湖区撤销，改隶南浔区和孚镇，与建智成为更为亲近的小同乡。加以书中有若干人物也是我曾结识的师友，如徐迟即占较多篇幅。除建智自己所写的《徐迟：词客哀时未返家》外，还附录了我的《忆徐迟》、白桦的《枯叶蝶》和李牧的《徐迟谈话录》。徐迟新中国成立后落脚于武汉，与我相知较深，白桦也曾在我任校长时来华中师院做过大型演讲，李牧虽然未曾结识，但从文章中可以看出乃是徐迟比较信任的密友。我们分散在各地，处境也各不相同，但却在徐迟死因上发表了相近相通的见解。正如建智在列举各种死因之后结语所说："我想，此题也许太深太玄。仁者乐山，智者乐水，言人人殊，人生也只能任由自己去选择了。"择生即包括择死，择死不一定就是消极，或许正是一种对社会的抗议或更高一层的超越。仅仅"孤独感"或"黄昏恋"就足以构成徐迟这样伟大作家的死因吗？我们不约而同地都不以为然。

正是徐迟的《江南小镇》驱使我回归荻港寻根，而建智则是最先理解我并且热情接纳我的南浔乡亲。天寒思滞，乡思缠绵，谨书此短文聊以为序。

章开沅于桂子山实斋

岁在甲午，年方二八

目录 Contents

王世襄　斯人已去成绝响

一叶随风忽报秋，纵使君来岂堪折。

作者与王世襄先生（右）在一起

一

11月29日，晚6时22分，我的手机突然响起，一看是北京董秀玉先生来电，她告知一个噩耗："王老于昨天清晨谢世！"这突来的讯息，虽是意料中事，但是还让人感到不能接受，我总感到以他老之体格，尚能挺过这一劫。但，不争的事实终在网上读到，中央文史馆于讣文中说："中央文史研究馆馆员，著名文物专家、学者、文物鉴赏家、收藏家，国家文物局中国文化遗产研究院研究员王世襄先生，因病医治无效，于2009年11月28日9时25分在北京去世，享年95岁。王世襄先生遗体已于2009年11月29日上午火化。"当读完这突来的讣告，我未能见他老人家最后一面；真的，当董先生发来快讯的那晚，于脑海中映射出的，依然是王老一年多前神清气爽、谈锋甚健的话语与印象，想起2008年4月，他还能在他家附近使馆区一家专门供外宾宴饮的"义和雅居"菜馆请客。他坐轮椅下电梯与我们大家同去用餐。到那里他拿出早已亲笔写好的餐单。席间，作为一位写过许多美食妙文的王老，说了许多有关美食的妙语，那日，他特别神采奕奕，我似乎从未看到他如此的高兴。那气昂昂的样子，至今拂之不去。记得去年冬天，我还特地前往北京朝阳区中医院看望他，他似有很多话要说……啊，恍如隔世，人间仅瞬间变化，王老却作古而去，实让人不能接受，他，王老，真离我们而去了吗？

二

缘于王老所说“处世虽惭违宅相，此身终半属湖州”。他是我的乡前辈，又缘于几年前他对我之信赖，我为他作《王世襄传》；可以说这两年多时间，我们常书雁往来，有时隔数天就能收到他的来信，且常是三四张，甚或七八张信函。他还特地为我们间的通信作了专门的编号，时复印各种有关他的生平资料与我。在他迪阳公寓那仿明代大桌旁，他还为此，专用一纸袋装为传记而用的函件，当今天我写此文时，重翻出先生所邮大大小小信封、各式的信纸，他工整的楷书，无不反映了先生做事的认真、细致、精到；又让我真正感受他对一个乡后辈之温馨。记得去年的4月8日，北京正是晴朗好天气，上午8时半，我与女儿张欣同访王世老。（因撰写《王世襄传》所需）当采访即将完时，我留了一本《吴藕汀册页画》于王老处，请他为我题诗一首。当他阅完这本文人画册页后，欣然同意。还笑眯眯地说：“藕老之画，比黄宾虹的画清雅！”

张欣博士与王世襄先生合影（2008年4月）

2008年中秋后，他特地从北京给我邮寄了由香港友人送他的干贝，还托人邮一个鸽哨，直接寄我在上海读博士的女儿，此情此景，事无巨细的关爱，那份纯真，已早超越令我感佩与崇敬的范畴。我总感到百废待兴中的他，正步入老年后，于沉寂里奋力一搏，成了无可奈何的“大器晚成者”。二十多年来，他超负荷地工作，终于完成了自己的夙愿而硕果累累。先生的敬业精神，真是我辈的学习楷模。但是，他不知老之将至，直至最后的五年里，他还是在追赶日月，在请不到可口述的秘书，在一眼昏花、一眼几乎失明之情况下，还在作搏击命运之神。一如当年赵朴初老所书“他对困厄的回答是战斗，对胜利的回答是谦虚”。

三

王世襄，自小从一个官宦家族中走出，又自小就受到江南富庶大家外祖家“四象八牛”金家的熏陶。母亲金章（号陶陶），湖州南浔人。画家。大舅金北楼，北方画坛领袖，二舅金东溪、四舅金西崖则是竹刻家，表兄金开藩、金勤伯也是画家，其艺术之源，来自于一门风雅的江南书香门第。尔后由于一贯的极左思潮的影响，王进襄为国追宝，反被视为盗贼，无端系牢狱，欲诉冤屈，又被打成右派，“五七”干校肺病重重，他却昂首抬头犹作花，唯有“苍天胡不仁，问天堪一哭！”他唯与夫人袁荃猷相濡以沫，终共订“自珍自爱”之唯一的出路，直到夕阳之际，终于用老迈生命之全部，拼搏于人生的“化泪为苦学”的求索之途；他有生之年，夫妇俩过着清寒朴素的物质生活，而为后人留下一部部天书，这是王老仅有温暖他心灵、支撑他精神的烛火。他与老伴“歌成老妻喜，喜为道不孤”；胸怀忧患、思想深邃，挚爱中华民族已近失传的文化；邵燕祥先生所道出并呼吁：“王老厚积薄发，堪称渊博，而他所做学问，不知是否前无古人，看来是后无来者的。大自传世鼎彝，下至蟋蟀家具，研究起来自然别有眼光，非他人所能替代。王老淹通博物，固勿论矣，至其书法及诗词的造诣，似尚未有足够的重视，实应注意。”的确一如邵先生所言，他，用一双勤奋温暖的大手大自传世鼎彝，下至蟋蟀家具，为读者留下鸿篇巨制四十多部，他点燃了中国乃至世界、那么多人热爱的中国文化能步入世界之林的千年梦想；我相信，他的每一部大著永不过时，定会星汉灿烂地照彻过去、现在和未来中国文化人的灵魂……他，就是写出了《髹饰录解说》《明式家具珍赏》《明式家具研究》《北京鸽哨》《竹刻》《蟋蟀谱集成》《说葫芦》《锦灰堆》《明代鸽经清宫鸽谱》等等不胜枚举的文物大家——王世襄。今晚，当我写完此文，王老朴素的中式棉袿，壮实的中等身材，老农般但又雅正的文人气质，依然在我眼前晃动。作为乡后辈，我深深地追思与怀念您——让我再叫声“王老”！

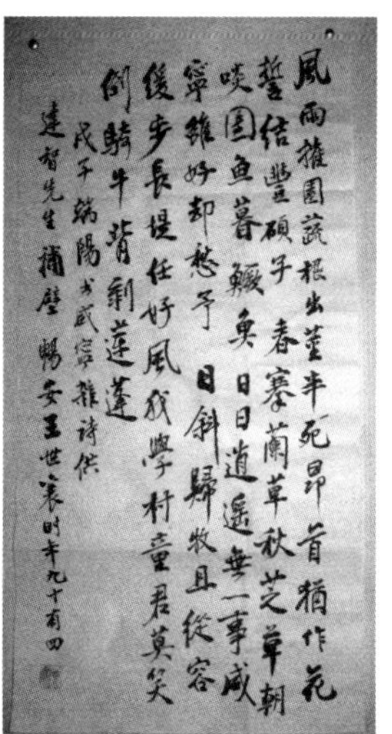

王世襄为作者书法一幅

（2008年冬）

“五十八年多祸患，苦中有乐更难忘。西山待我来归日，共赏朝霞与夕阳。”这便是你最后要交给世人的一颗最平静的心。

木心　一个回归中国文化的智者

木心在乌镇（2007年冬）

一

木心走了，得之这个消息，还是女儿在QQ上告知的，我真有点不太相信，心中却在想："难道他真离开了人世？"但于那一刻，坐在电脑前，对于传来这样突兀的噩耗，不禁为之黯然神伤。其实，最早得知木心患病住院，是在一次晚上阅网时的偶见，那博客上这样记载："木心已住院，传闻在重症病房。"尔后又读到这样的讯息："很想去乌镇看看木心，生怕打搅他。终究没有去成。现在木心终因心肺功能衰弱，处于弥留之际，住在重症病房。中医徐树民先生曾七八次被请为木心把脉，最后一次是今年春节前后。"再观之，博客上还有徐医师为木心开的中医方药。读到这些消息，大多已在深夜，我据所开之方，大致遥想木心先生，正患老年性心肺虚弱病，症状险恶，他正受着肺衰咳喘、夜梦不断、心神不宁、阴虚低热的病魔煎熬。无数个不眠之夜，虽安静地躺在水乡医院里，可想见，现在他正一脚高一脚低的，似在山峦折摺的沟壑中，累得迈不开步子，只感四顾茫茫，在痛苦的病中，度着那日日夜夜。那样的深夜，谁也帮不了忙，我只能和他忠实的读者、亲朋好友们，怀有同一个祈愿："希望他早日康复！并为他祈福！"木心，本名孙牧心，号牧心，1927年生于乌镇，早

木心在乌镇（摄于2007年）

年入由刘海粟创办的上海美术专科学校，后又转投艺术理念与之更契合的林风眠门下，入杭州国立艺专，继续学习中西绘画理论。在“文革”期间被捕入狱，囚禁十八个月，作品皆被烧毁。1982年，木心移居异国他乡的纽约。从此，兴趣渐转向写作，以艺术创作理念的笔触，写着散文、诗歌、小说；作品弥漫着西方浪漫主义和中国的古典韵致。真的，木心的作品，早引起我阅读的兴趣，艺术感与空间感的奇正变幻，读后总有无限的意象。其风格十分轻盈、玲珑、随意；笔尖随思维自然流转，感觉总有一幅幅的画面在你眼前流动，拂之不去；有时仿佛走在巴黎的苍穹下，却怀着一本古老的《诗经》；又仿佛是竹林七贤曾经流连的山水中，有人用小提琴正奏着莫扎特的一曲音乐。欧风美雨，汉唐明月，韶乐楚曲，竟如此水乳一般交融。诚如孙郁先生所评：“读木心，就是湍流的冲洗，那些僵死的湖泊是不能懂得奔淌者的快慰的。”

二

木心的散文和诗歌，追捧者多，小说反被冷落，但我却喜欢他的精致巧意却不乏哲思的短篇小说，惜只有《温莎墓园日记》一册小集，其寥寥十几篇，有些是微型小说，写着月淡如水的故事，没有冲突，没有煽情，充溢着一湾泓水，淡定如神，却写出了一个灵动的世界，读来篇篇令人感叹、唏嘘。我想，也许只有如木心这般经历风雨人生，徜徉于中外艺术之上，却依然保有一颗浪漫、温润之心的人，才能用透彻而节制的笔调，写出了人生的无奈、情愫、重聚、别离与生死！迄今，广西师范大学出版社已出版木心著作二十多种，包括《木心画集》。先于2006年1月推出《哥伦比亚的倒影》，附一册《关于木心》的白皮书，全文刊登了1986年对他作品的讨论。这书，现还插在我电脑旁的书架上，随手抽出此书，就见陈丹青在发布会上的话："我写书，我出书，就是妄想建立一点点可疑的知名度，借此勾引大家有朝一日来读木心先生的书。"这是其对亦师亦友——木心的一片至情。他称木心是"完整衔接古典汉语传统与五四传统的文学作者"，"即便是周氏兄弟所建构的文学领域和写作境界，也被木心先生大幅度超越"，还说，"他的文字有一种真正的母语的力量，非常精致，非常典雅，而且非常具有表现力。"如今，若回想2006年，散文集《哥伦比亚的倒影》出版之际，读者对作者，可谓一无所知，但这本看似完全不起眼的小书，却掀起了一股"木心热"，一时洛阳纸贵。木心的其他著作也纷纷得以问世，如《鱼丽之宴》《西班牙三棵树》《琼美卡随想录》《温莎墓园日记》《素履之往》《即兴判断》，直到近期的《云雀叫了一整天》《巴珑》《诗经演》等，每本都吸引了大批拥趸。木心先生，由陈丹青从纽约接回乌镇定居，那是"9·11"以后的事，记得我去拜访他时（通过桐乡熟人），是木心先生定居乌镇的第二年，因读了他的书，很想面对面聆听其教。也可以说，这是木心从海外回来的第一个春节。2007年春节后的暖冬，一个晴朗天的下午，我们至乌镇，木心先生正住在镇上一家名为"通安客栈"里，当时先生住二楼一个套间。当我们甫坐后，木心先生很客气，只见其投足举止，总透出儒雅且有一股欧化的味道，向你迎面袭来。他告我们说，现只是暂时借住旅店，自己的住房，当地政府正在装修布置中。我们问他从美国现代大都市纽约，突回归这寂寞的水乡小镇，能住得惯吗？他却说：“这里很清静，我在国外已二十多年，多么需要这样的地方，来安享晚年！”我从木心特别闪亮的眼神中，真正体味到了“少小离家老大回”的那种感觉。那日，已近晚霞的一缕阳光，正从木窗射进他坐的靠椅上，我们的谈话无拘无束，先生谈性很浓，也许那时接触他的人还少，不像日后若去拜访木心就难，要“从一扇边门进去，穿过走廊，从后门进厅堂”，还有男佣会对你说“不能拍照”等诸多规矩。那日，我们之间只是海阔天空，可以谈一切。谈他写的书，谈他的书画、闲章。而木心先生更是一位书蠹，对书特别敏感，文友绍平，跟他聊及自己的一方“谁非过客，书是主人”闲章时，木心马上建议他，应刻一枚椭圆形的闲章，内容就叫“书长寿”！足见他是多么爱书啊。我们带了一些木心出版的书，请他题签，他一口答应。而当我们谈及他哪册书特别令我们喜欢时，他就高兴地附上一句：“等一下我要送你们每人一本！”那样的时刻，倒使我们感到不好意思。但我发觉，木心先生少有客套寒暄，点上一支烟，总与来访者交谈文学艺术，不像有些作家见面签书了事。而他送你书，不急于签赠，聊到兴起处，竟可以忘却一切。

三

那日下午，时间过得特快，当大家还谈兴正浓时，已经是六点多了。于是我们请他一起共进晚餐，先生竟一口答应。当我们下楼时，木心不忘要我们每人的名字，以便给我们签书留念。那晚，木心先生吃得不多，一瓶绍兴六年陈的黄酒，他几乎没喝，大多以茶代酒。那日精神特好，餐桌上的木心温文尔雅，着一身笔挺西服，当我们请教先生保健方法（那时他已七十八岁，仍清瘦矍铄）时，他说："吃饭六分饱。"人们常说是"七分饱"，而先生比常人还少一分，这也许就是他养身的秘诀。饭间，当我们问及"9·11"发生时，先生身临其境，有何感觉？谈及此事，只见他兴致很高。他说，当时正在家中看电视，起先还以为是好莱坞的特技表演呢！而且二十多天后，他还要举办个人画展，在当时情况下，画展是否如期举办，他进行了一番思想斗争，最后，木心决定画展如期进行。最后一次于国外的画展，有33幅画展出，尔后，果然轰动全美，各大媒体，一片叫好。说起这件事他也特高兴，笑盈盈地说："根据一般心理学，最悲伤的人，一般经过二十天，也会初步恢复常态的。"正是在这种理念支配下，先生毅然如期进行他的画展。几个小时的相识相谈，真的让我感受到一个游子从国外回归故乡怀抱的兴奋，也感受了一个诗人对未来生活美好的期盼。短暂的晚饭结束后，我们与他握别，望着他潇洒的背影走上旧式的楼梯。转折进去时，他还依依流连，向我们左右挥手。尔后，我们拿到了他上楼后替我们用水笔签赠的一册册书，派人送来时，一个细节让人难忘，一袋书的上面，用一根红绳扎好，这无疑是诗人抑或老派文人的礼节文明！啊，如今诗人真走了，"行人匆匆，全不知路上发生的悲欢离合"。乌镇东栅，那盏人文的幽灯冥灭了，虽我未能赶上他的追悼会，可今晚，我又重新拿出他的一本本书来重读，因为，我想，对这样的诗人、艺术家——我们心中的木心，一份最好的纪念，该是重温他的文字：一个漂泊者的精神世界里，那一颗透出书香而执着的灵魂！

来新夏　花落春仍在

作者与来新夏在萧山（2012年夏秋之际）

一

接到来老噩耗，是2014年3月31日深夜23点32分，短信响起接读后，简直太难相信这是从天津发来的信息是真的：“来新夏先生于3月31日15时10分仙逝。遵遗嘱‘丧礼从简，不举办任何告别仪式及追思会等悼念活动’。未亡人焦静宜泣告。”那一刻，我不知所措，取消了原想上床读书的习惯，独熄了灯，兀自在书桌前静坐，沉浸于一片暗光之中。我只是呆呆地想着：此刻，如若来老还在，他还会在做什么，灯下读书？还是在为书稿打腹笥？乃或在梦中遨游书的世界？

记得初春时分，我还与他通话，问他今年是否还来江南，来老还是那种不慢不紧的语调，答道：“今年可能来不了，主要是腿有点走不动，其他尚可。”我听了很高兴，正如冯其庸先生一样，每次通话，他总说腿走不动，但还能写文、参会、访谈。于是，想来老还会来江南一走。放下电话时，一个满头白发、身躯魁梧、面色红润，带有儒雅风采的老人，又呈现在我的眼前。

此刻，不禁想起，2012年夏秋之际，与书友们一起参加在萧山举行的“来新夏九十寿辰暨学术研讨会”情景。那是一个难得的聚会，远在海南的伍立杨来了，刘绪源、薛冰、王稼句、董宁文、韦泱等，还有几位台湾亲友也赶到萧山。天南地北的人，都为来老庆贺、祝寿、论学。那两天，来老一脸喜采，兴致勃发，话语连珠，盎趣妙然，丝毫没有耄耋之年的状态，更没有一点感叹时光流逝，自伤衰老之情。他雄光焕发地对大家说：“任何时候，我不会放下这支笔，百岁时再和在座的朋友，相聚在这里！”听了这样的话，大家心里甜滋滋的。

会上，从来老身上散发出“谁道人生无再少，休将白发唱黄鸡”的豪迈气概，令人兴奋、激情满怀。那日下午，参观萧山捐书馆时，来老忙这忙那，后他端坐在馆门入口一把椅子上，让每一个他的小友，紧靠着他，合影留念。真的，如此“风来蒿艾气如薰”之气场，真让每个参会者欣慰、钦佩不已。我私想，如此能吸引一大批年轻学人，赴会祝寿，天下除来老麾下，又由谁领！这话，是否说得过头，并非。

来老曾说：“我虽称不上学有成就，但知识回归民众的行为，却给我很大启示。所以我就从专为少数人写学术文章的小圈子里跳出来，选择写随笔的方式，贡献知识于社会。”于是，短短数年，来老为读者奉献了《冷眼热心》《枫林唱晚》《学不厌集》《一苇争流》《谈史说戏》《来新夏书话》《且去填词》，以及不久前出版的《交融集》《不辍集》等十多种随笔集。当然，还有以他的书屋“邃谷”为名的《师友》《书缘》《谈往》《文录》等书。

但我总感觉，来老“衰年变法”的精神，不仅自己每天在践行，还常不断勉励后辈多读多写，看到他的许多书评，就是为他的后辈而写。与来老交往，全在一种平等、平和、平静、平心的境界中进行。

二

来先生，1923年生，浙江萧山人。1946年毕业于北平辅仁大学历史系，1949年入华北大学历史教研室，为范文澜的研究生。1951年至南开大学任教。曾创办南开大学图书馆系，历任校图书馆馆长、校出版社社长兼总编辑，教育部古籍委员会所属地方文献研究室主任等职。可在来老身上，你丝毫看不到他“以大家自居”的作风，也没有“好为人师”的教诲，更看不到“一阔脸就变”的势利。记得我第一次与他面交，是因为细听了他的一个讲座，先生便视我为平等的学友。每次奉上拙著，不论多忙，他总细细披阅、札记后，还会抽出点滴时间，为我撰写书评，如此的费心费力，对于一位上了年纪的学术大家，实为难得。如他在《师友》中，就曾写到这样的往事：“2004年11月间，我到湖州师范学院讲学，张建智先生来参加讲演会，听完全程。会后还赠我《张静江传》……一位公职人员在公务繁忙之际，尚能从事专业性研究，的确难能可贵，令人敬佩。”又说：“他这部著作为我填补了一处历史知识的空缺，所以迫不及待地在旅途中，就断断续续地把书读完。为乡贤立传，笔端自然常带感情，文字也显得流畅好读。但这些文字是建立于丰富的资料之上，因而不失为一本具有学术性的历史人物传记。”之后，来先生还为拙著《红楼半亩地》《诗魂旧梦录》撰了书评，也给了我这方面的鼓励。一直以来确令我感激不尽。

今晚，我翻阅由来新夏支持发起编辑的《天津记忆》，在一大堆记忆文中，正好翻到为来老米寿庆祝的《专号之六》第一篇《邃谷书香》，王振良先生说“先生藏书、读书、用书，但绝不私之”，还说“先生藏籍丰富，每日坐拥书城，而且先生出版印行的各类成果，已逾百种，是名副其实的著作等身……”

我和来老神交与面聆多年，书架上插了来老赐赠之书，列着一排，除《北洋军阀史》，大都有了。而来老赠书，可谓在所不惜，两大册《书目答问汇编》、一大册《近三百年人物年谱见知录》，让我随时查阅。可谓“散书不止，遗人书香。”如若从这个意义上说，来新夏，这三个字，在中国学界有着丰富的涵义。在历史学、方志学、图书文献学，三个不同领域，他都取得了开创性的成果。但他曾感慨：“人到退休之年，我方起用之时。”六十多岁的他，任南开大学图书馆长、南开大学出版社首任社长兼总编、图书情报学系的创始人和第一任系主任。有说他是“巨擘”，是“大师”，但来老一律回绝这类空泛的美誉，说他只是笔耕不辍的“读书人”，所以，他有《不辍集》问世，以示明志。

80岁时，他说：“我原来在学术圈子里头所做的事情，只是给学术圈子里那几百个人看的。因此我要变法，我要把得自大众的一些东西反馈给大众。”来老如此变法，而出的随笔，既带学术性，又具知识性，更有真情实感。如“文革”时，眼看家中的一部五洲同文版《二十四史》，在“破四旧”中遭劫难，当线装书被烧、浓烟滚滚时，他说：“我只能在旁垂手而立，不敢乱说乱动。看书箱和书多少年来，像亲兄弟那样相依为命，从未分离。我呆呆地看着火势，目送这些朝夕相处的亲兄弟同归于尽。……但仍能隐约地听到‘豆在釜中泣’那种书的呻吟。”

这样一位终生把读书，视为“淑世和润身”的学者，在经历了“囚居牛棚、轧地打场、掏高粱、掰棒子、出河工”等历史遭遇；可晚上，仍回归一介书生，在一盏孤灯下“盘腿而坐，阅读和整理从火堆中被抢救出来的残稿断章”。试想，一个经历了如此大悲大喜，上高山下地狱的他，年至八十，呼出“难得人生老更忙，新翁八十不寻常”的诗，怎不使人读出了“斜阳不语，晚景宜珍，穷坚益壮，相许莫辜负”之志？

正因有这般的大起大落，2013年春，当张梦阳先生发表《谒无名思想家墓》诗集后，早已把人间沧桑视为浮云的来老，终说出了不寻常的读后感，他说：“你拨动了我的心弦，终于让感情的死灰复燃。我感动了，哭了，流下了久已枯涸的泪水。”还说，“我早已不哭了，因为我经历了太多的折磨，太久的不公，但是我懦弱没有反抗，只有‘引颈就戮’，人家说我什么，我都会笑脸相迎，把泪水倒流进肚里，但你的诗掘开了我心灵的缺口……因为，它让一位已经淡定、漫步在走向百岁的老者，在行程中感动了，停下脚步，回头再审视……”

读此，我似读出了来老一如巴金《随想录》中的语言，更读出了俄国诗人们常见的主题诗：“没有痛苦成什么诗人的生活，没有风暴成什么海洋？”我想，中国的史家，一如来老，他不就是诗人吗？因他心中有无限的诗可唱，他的心胸就是无垠的海洋。两千多年前的史家司马迁，以及两千年后的鲁迅，无不如此。“史家之绝唱，无韵之离骚”，鲁迅的话，足证了这一切。

如今，来老已远去，但他心中深藏的诗，他的大爱与大悲，他的懦弱与坚强，他留下的千万文字，他最后的绝唱与深邃的思考，都将成为人们的珍宝，长存人间，花落春仍在。

黄裳　一段永念的往事

作者与黄裳合影（2006年3月）

一

如今，陕南郇老洋房那间书斋，该是一切如旧，只是少了它的主人，难免寂寥，那一橱橱的线装书也少了一双常常摩挲翻阅的厚实手掌……得悉黄裳逝世是读了陈子善的微博：“我极其沉痛地向微博的朋友们报告，著名散文家、藏书家黄裳先生刚刚离开我们，享年九十三岁。”他还说：“黄裳老先生因年事已高，今年6月，曾因感冒引起肺部感染在瑞金医院住了一个月，出院后越来越衰弱。之后又住了一次医院，但只住了一晚上就吵着回家。前天又觉得不舒服，被送进医院。5日早上我还和他女儿通过电话，没想到傍晚就走了。” 读了这话，我有一种说不出的感觉，莫名的惋惜，更觉突兀的茫然与哀伤。特别是那句“只住了一晚就吵着回家”！是的，我想，数十年长期徜徉在小书屋中的黄老，怎住得惯那人流如海、熙攘不息的医院呢？他多么留恋那“榆下说书”的老屋，这书屋虽小，却是他生命的全部。而况他还有许多东西要写，有许多事要做，许多话要说……所以，当噩耗传来，我不禁心里一怔，因为几月前，我还收到黄老的信及签赠之书，但

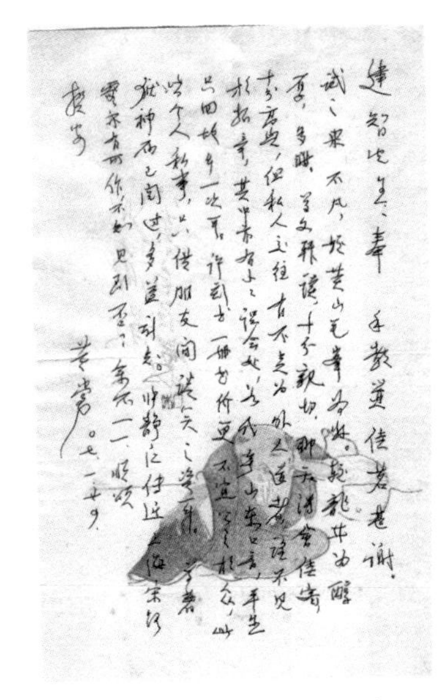

黄裳手迹（给作者信）（2007年1月）

怕打扰他，复信迟迟，可如今一切晚了，我还能做什么呢！今晚，正是“风飘白露天，月色又朦胧”之际，我与黄老神交面交的回忆闸门，乃慢慢打开。记得第一次到他家拜访，是在丙戌冬至前二日，因与复旦大学联合举办“皕宋楼藏书文化国际学术研讨会”特去沪上，来去匆匆，所余时间不多，但同行三人，均想去拜访著名学人与藏书家黄裳先生。为方便起见，我们就入住离黄老家很近的城市酒店。那晚约好第二天上午十点到他家。翌日，早餐后，我们步行至陕西南路、靠近复兴路口的陕南邨，附近有一个加油站，等了一会，待复旦大学的陈麦青先生赶到，便一起前往。这陕南邨内，百年法式老洋房，一栋栋林立在那里，环绕四周，翠绿的梧桐衬着淡黄色墙体，间有香樟、榆树、芭蕉、紫藤，望去煞是优美。相比隔墙之外，是熙攘的市嚣，恍有隔世之感。我们拐了两个小弯，走进这153号的老洋房，拾级而上，楼梯陡长，层层环形，当走至三楼一个黑色铁门口，就到黄裳家了。因早通好电话，当我们把门铃一揿，黄老马上自己来开门了。他拖着慢悠悠的步子，把我们迎入客厅。

二

客厅不大，一张黄旧的长沙发，前一矮矮的茶椅，左右配上两小沙发，靠北墙和东面分别有两只旧书橱，墙上各挂字画。一幅是他老友黄永玉的荷花，另一幅若没走眼，应是明代沈周的作品。这天，因我们是一行五人，他女儿容仪忙从别的房间拿了几把椅子来。进屋甫坐，见黄老身体尚好，个子不高而胖胖的，有些耳背，见此状，近他身旁坐着，如此，我只需稍稍左侧，就能方便与他面对面交流起来。说起今年五月，我们几位有机会去日本东京静嘉堂阅读宋版书的事，想听听黄老对被视为国宝的宋版书的看法。我说："我们此次拜访，想请黄老给我们指教有关皕宋楼藏书的学术会议。"当听到我们就皕宋楼和静嘉堂的藏书向他请教，刚才还是呆板着、无多大表情的他，也就兴奋起来，他带着很浓的地方口音、似有点沙哑的嗓音即发话了："国内宋版书越来越少，我曾说过，湖州陆心源的宋版书，1907年悉数给静嘉堂收藏去了呢。我看过一些宋版书，但我之收藏大多是清代，已出的《清代版刻一隅》可窥其一斑。以往人们关注版刻图书，大抵以宋元刻本为主，明刻就少了，清刻更寥寥而已。"就此话题，黄老与我们似很快拉近了距离，大家谈兴也更浓了起来。

正谈不多时，突然黄老独自站起来，悠悠然地一个人走到隔壁房间里去，不一刻，他就拿出了一部清刻本，取掉夹板，兴致很高地说道："我最近买到了一部好书，你们看，就这一册，并不厚，但价不菲，你们看看这部书多少价？"一听这话，大家只能闭口哑然，因我们中除麦青先生懂版刻外，谁能鉴定这部清刻本之现价呢？此刻，突想起李辉对黄裳的描述："黄裳颇不善言谈，与之面对，常常是你谈他听，不然，就是久久沉默，真正可称为'枯坐'。电话更是简洁得要命，一问一答，你问几句，他答几个字，绝无多的发挥。"

然而，现在我左侧坐着的黄老，似乎没有像李辉说的那么俨然，这次大家就藏书、版刻的话题谈开了，无一点默然状。瞬时麦青拉高了点声调，对黄裳老说："这次特带来一部陆心源的《仪顾堂集》，是光绪年间刻本。你看看版子如何？”此话一落，我们打开了八册一函线装本放在他面前，黄老一本本慢慢地翻阅，此刻，屋子所有的人倒真“呆坐”等他了，无一点声响。我瞧着黄裳红润润的脸色，他穿的黑色皮夹克外套，在他家南窗阳光映射下，一闪一闪地泛着光亮，连他短短的白发、带些红斑的一圈圈发根处，也闪烁发亮。原本垂下的眉毛，因他正在阅书，似更下垂了。黄老虽年近九十，且正值严冬，但看上去挺精神且记忆力非常好。见此情状，我想起了他的《榆下说书》一书，他家楼后那棵榆树，此刻是否也会闪发出红红的笑颜……但是，紧接着我就听到他粗哑的发音，突然把我的浮想全打断了。

默然一刻，即听到了他对这部版刻之评说：“唔，这刻本不过如此，是影印本，不过印制得尚精致，这《仪顾堂集》我有，比这版本好，是真刻本，今天暂不拿出给你们看了。”接着他又重新摩挲他刚拍买到的这部清刻本，似乎急切地对我们说：“你们都猜不了这部书的价吧，我给你们看这书的拍卖发票，就知多少价钱了！”于是，他又慢腾小步，去房间找来发票，于是看到了书的标价。但价高有点令人咋舌，这么一册并不太厚，而且是年代较近的清刻本，黄老却以六万四千多元高价追拍而来；但若从他脸上显出的喜滋滋的神态，却看出他是以此书引为自豪的。

正当大家带着惊诧望着他时，我心中禁不住勾起了十里洋场上的那个黄裳：一个嗜书如命在各书店、书摊上淘了几十年旧书的沪上藏书家，和他的那些往事与近事。可就在此时，黄老就在沙发前的矮柜上，把他觅到的这册书，摊开页目给大家赏析。原来，那是一本双钩木刻的书，正因是双钩的，更透出那墨美的书香。刻本名叫《宋拓夏承碑本》，署名海宁许梿（晚清著名刻书家）。刻本时间是清咸丰八年。当我们轮换捧着这部价值不菲的清刻本，欣赏不已并连连称赞他的不凡识见时，黄老此刻似乎快乐得于眼神里也流溢出得意的笑声。

三

我想，日后在一个阳光温馨的日子里，黄老又会慢慢写上一段精彩的释文，钤上一方朱红的藏书印章。而那一刻的得意与矜持，更令我们无法想象。此刻，我还从他略带沉思的目光、下垂的眉间，看到了在他的自由王国里，写下了别人难以比拟的篇篇妙文，那情趣是多么洒脱和风雅，真使我们看到了“恂然一翁，深居小楼，藏书著文，自得其乐”的独享平静暮年生活的大家。

我看到的那一瞬间的黄裳，也正如周汝昌先生的一段话中写的：“他愿意以文遣兴寄意，自得其乐……也可同时予同好者以自得之乐……变自得为共享。”确实，陶渊明的王国在山野，在“登东皋以舒啸，临清流而赋诗”之中，而黄裳却大隐隐于市，在“以文遣兴，得藏书而自乐并与人共乐”中，两者自有差异而又有同归，他真可谓现代大都市的高人。但是，黄裳还有“喜打笔仗”的一面，与张中行、葛剑雄、止庵等有文字之争，我想，这正反映了作为一个真正的文人与读书人的黄裳，有其独具风雅和耿介的一面，他容不得半点诽怨、一点流俗，甚或一种误解。他的文字虽没有鲁迅那么尖锐，但当我们读他的序跋，笔战时的刚柔相济的文字，却也少不了刺人心灵的凌厉之气，以及锋利的规讽之旨。这便是一个平静老人的另一面。

那天，当我们大家认同他的拍书之乐时，他为了与我们进一步共享其乐，又突然迈进内屋，不一刻，他又拿出一套长长的大刊本字画，让我们欣赏。他一边翻给我们看，一边不无得意地说："这是我从浙江富阳华宝斋买来的，他们给我打了折，也要六七千元一套！"听了，我们都为他之独得而一笑，因为这些大刊本字画的确色彩悦然，但价是贵了些。而我却在他下垂的睫毛下，又看到黄老此刻眯起细细的睿智的眼睛。他近似枯坐不动声色，也许是让我们尽情地观赏。

沉默了片刻，麦青把话题转到他刚由复旦大学出版社出版的《清代版刻一隅》一书上，大声对黄裳先生说："这部书印得还满意吗？"黄老拿起书，看了看说："尚好，还不错，很清晰。"麦青见他眯着眼笑了笑的那刻，又大了些声对他说："大家每人带了一本你的这本书，想请你老签个名纪念如何？"只见黄老二话没说，向我要了一支笔，随即一一签了给大家。我们拿到黄老签名本，先后感谢他时，他又与我们说到了他最近出版的一系列书。我乘便问他，这些书好销吗？他说都是出版社约他的，无碍。此时他又下垂两眉，坐着，我看他眯眼瞧我们，像是等着我们说话。而我看他的神情里，犹正在自顾自地回忆着他的藏书乐趣。

我坐在他旁边，不知怎的，又突兀地想起好几年前由张中行发表在《读书》上的一篇文章，从而引发了葛剑雄与黄裳关于冯道、周作人的论驳。于此想来，其实这位来燕榭主人，虽身处闹中取静的小区里，但也并非只是关心藏书、版刻等，也并非只是遣兴寄意、自得其乐而已。可以说，他无时不在关注着外面的世界，那些人那些事，那世事的更兴、时局的变化啊！大家沉默片刻后，麦青又高声说："黄先生，这次我把稿费带了来，请你过目！"随即，麦青把带来的稿酬如数给他，然后叫他在单子上签字。随后，我也把新近拙著一一签名奉上，请他指正。然后我环顾他书橱中所藏的书，又坦率地向他再要一本他的书。可是，他大概没有听清我的话，以为我要请他写一幅字给我，他着急地做了个手势，似乎在说今天或说冬天，他写毛笔字不行，然当他听明白了我的意思后，黄老很快就走到橱边，又一次打开门锁，只见他利索地拿出三本书：《插图的故事》《皓首学术随笔——黄裳卷》《梦雨斋读书记》捧在手中，然后一本接一本签了名，放到我手中，我慌忙站起，向他拱手作揖。在这刹那间，我真不知如何感谢他才好！其实我心中想的，只是再要一本就很满足了，不想他瞬间动作特快，一下子从书橱里拿了三本签赠予我，在场还有好几个人，真不好意思；如其中一本，签给了来沪前曾托我有机会也想请黄裳老签一本书的那个文友，该多好啊！但在这般场合，我哪敢再多言呢？

四

然而，这刹那间的一切，却让我一睹了年轻时的黄裳的一点印迹。他学的虽是大学机电专业，尔后却从事过记者、高级职员等多种职业，他也曾是个"追星族"，也曾出任过美军翻译，年轻时奔波在成都、重庆、昆明，1945年还随美军远征印度。这些经历，无不反映了他对人做事是那样潇洒、意气风发、决然毅然的个性特质。

我们和黄裳已消磨了一个上午，时间告知我们应与他告别。麦青抓紧时间，因我正坐在黄裳旁边，就近水楼台，与他坐在一起合影，然后大家在他长长的黄沙发上，又一起照了相，留作日后纪念。我们与他全家人告别时，真有点依依流连，因我们想与他交谈的事还多着呢。黄老一直送我们到门口，我走在最后，看到他一直站在那里目送我们，到楼梯转弯处，已快看不见人了，他还在门口向我们招手。那日，我晚上到家后，还顾不上吃饭，就打开电脑，马上给我远方的好友发了封邮件："在上海耽两天，有一个上午到陕南路复兴路口的陕南邨，终于拜访了黄裳先生，与他消磨了大半天，感想是：一如见到了竹林七贤中的一个隐士，正引琴而弹，声调绝伦……"如今，陕南邨老洋房那间书斋，该是一切如旧，只是少了它的主人，难免寂寥，那一橱橱的线装书也少了一双常常摩挲翻阅的厚实手掌。尽管死亡如强烈的休止符，可以让人的生命戛然而止，然黄裳老先生的故事，却是永远说不完，永可说下去的，它像一部长长的经典乐章，吸引着每个时代的爱书人，以他们的生命让书香绵延不绝，我想，这该是黄裳老先生未完的最大心愿。

陈梦家　与赵萝蕤的一段姻缘

摄于1994年秋

一

记得王世襄在世时，我听他谈得最多的是两个人，其中一个就是陈梦家。他老常挂在嘴边的一句话是："如梦家还在的话，那明代家具研究的著作，就肯定轮不到我写了！"……陈梦家在逝世十二年后终获平反。可正如赵萝蕤说："深可惋惜的是，他死得太早……他还可写出许多著作，为他所热爱的祖国现代化增加一些砖瓦，但是他没有能这样做。"近读赵萝蕤的《读书生活散记》（凤凰读书文丛），书中所收之文，大都是未曾刊出的珍藏手稿，得之于湖州师院两赵纪念馆（赵紫宸、赵萝蕤父女）的收藏；其中作者生前自存剪辑稿27篇，余稿12篇，其他17篇，计56篇。读后得了许多人生与读书的教益。这些妙文，从未闻世，尤觉珍贵。从赵散记所涉及的历史与往事，很自然地就会想起陈梦家与赵萝蕤伉俪来了。陈梦家（1911—1966）是我国现代著名的诗人、古文学家和考古学家，浙江上虞人。赵萝蕤

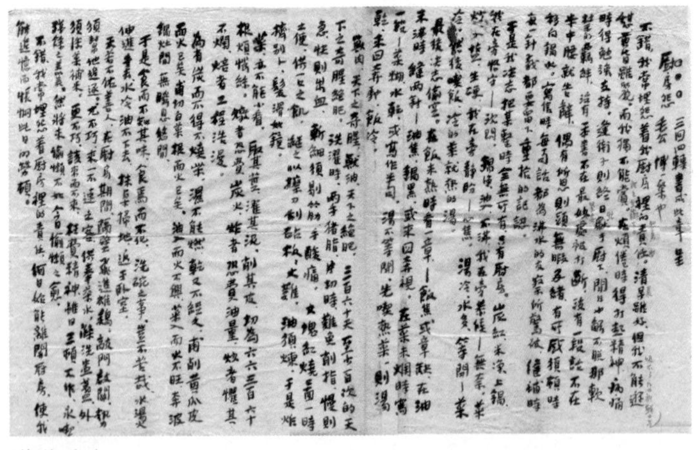

萝蕤手稿

（1912—1998），我国著名翻译家、英美文学研究学者。两位都是中国学术界的大家。对于这样的一对夫妇学者，同时也是乡前辈，余生也晚，惜缘悭一面。但是，作为诗人的陈梦家，却神交已久最早，应该缘于读他的许多新诗（我喜收20世纪二三十年代出版的诗集），迄今藏有他的1931年1月版的第一部诗集《梦家诗集》，每有空暇，我常翻读。记得有十多年时间，常不时拿来吟诵；尤于“文革”中，无书可读，唯这部诗集，与我相伴，给了我几多无法替代的精神慰藉。现在回想起来，那时，每当翻读梦家的诗，眼前即会浮现出一个俊美才子兼学者的形象，几十年过去了，至今还留存我美好的记忆之中。陈梦家，出身于一个上层知识分子的小康之家，诚如赵萝蕤在《忆梦家》中所述：“他的父亲陈金庸老先生曾任上海广学会编辑，是一位非常忠厚纯朴的长者。”陈梦家自小受到传统文化的影响，同时受教会学校欧美思想的教育，这样的生活环境，无疑日后造就了他充满矛盾的思想、气质与个性。“梦家在中央大学学的是法律，最后得到了一张律师执照。但是他没有当过一天律师而是从16岁便开始写诗，1931年便出版了他的第一册诗，并立即出了名，那时他还不到20岁。”（《读书生活散记》，第216页）当然，他的一举成名，离不开两位老师兼诗人的器重与教导，一是闻一多，一是徐志摩。1927年秋，因闻一多到中央大学任外文系主任，教授英美文学，陈梦家常去听课受益匪浅。1928年秋，闻一多离开中央大学，次年，徐志摩应中央大学校长张君谋之聘，任外文系教授，讲授欧美诗歌，陈梦家的才华，又得到了徐志摩的赏识，更有长进。比如，陈梦家的诗《那一晚》，当年就是由徐志摩推荐，以“陈漫哉”

的笔名揭载于《新月》月刊二卷八号上，这一首次公开发表的作品，遂引得读者的欢喜。受闻一多、徐志摩诗歌理论的影响，1930年1月，年仅19岁的陈梦家，在《国立中央大学半月刊》一卷七期上，发表诗论《诗的装饰和灵魂》，这是陈梦家诗歌创作的艺术主张。

二

1931年1月20日，由徐志摩主编，陈梦家实际编辑的《诗刊》季刊，终于在上海出版。撰稿人除闻一多、徐志摩、饶孟侃等前期新月诗人和南京诗人群成员外，还有林徽因、卞之琳、孙毓棠、曹葆华等新加入的北京青年诗人，这标志着“后期新月诗派”的形成。而在这一过程中，陈梦家已成为新月诗派的一员主将。就我多年读陈梦家的诗，觉得于中国新月派诗人群体中，他的诗艺、独具的形象与灵魂，比闻一多、王统照的诗，似略胜一筹。这也使我迄今还能背诵他的一些诗：一朵野花在荒原里开了又落了/他看见青天，看不见自己的渺小/听惯风的温柔，听惯风的怒号/就连他自己的梦也容易忘掉。（《一朵野花》）我悄悄的走了，沿着湖边的路，留下一个心愿；再来，白马湖！（《白马湖》）今夜风静不掀起微波/小星点亮我的桅杆/我要撑进银流的天河/新月张开一片风帆……（《摇船夜歌》）读这样的诗，清新，朴实，又具象征，令人不忘，让我仰慕。然而，陈梦家也有新写实主义的诗，那是他亲临战场写出的诗。如《在蕰藻浜的战场上》：在蕰藻浜的战场上，血花一行行/间着新鬼的坟墓开，开在雪泥上；/那儿歇着我们的英雄——静悄悄/伸展着参差的队伍——纸幡儿飘，/苍鹰，红点的翅尾，在半天上吊丧。/现在躺下了，他们曾经挺起胸膛/向前冲锋，他们喊，他们中伤；/杀了人给人杀了，现在都睡倒/在蕰藻浜的战场上。这是1932年，“一·二八”淞沪抗战爆发，十九路军在上海抵抗日寇，那隆隆炮声，震醒了深埋诗人心底的爱国激情。那时刻，陈梦家与同学亲临火线，抢救伤员；他看到的是，勇敢的中国士兵，在弹雨中无畏地冲杀，而挂彩的伤员，染成了血人；有战士牺牲时，还保持着举枪瞄准的姿势；田野茫茫，到处垒着抗日志士的新坟。陈梦家在战士墓前，为我们写下了这样动人肺腑的诗篇。当然，诚如他的夫人赵萝蕤所说：“作为诗人，梦家的创作生涯前后只七八年。”“1934—1936年，他在燕京大学攻读古文字学。从此以后他几乎把他的全部精力都倾注于古史与古文字的研究。”所以，作为诗人的陈梦家，又做了转型，尔后，在学术上的成就，应是他主要的贡献。1937年卢沟桥事变爆发，陈梦家与赵萝蕤夫妇离开北平，辗转到了昆明西南联大。从1938年春到1944年秋，陈梦家除教书外，仍孜孜不倦致力于古史与古文字的研究。陈梦家在西南联大时，已撰有《老子今释》《西周年代考》等著作。随后夫妇俩就去了美国。陈梦家在美国，除了在芝加哥大学当教授外，还游历了英、法、荷兰、瑞典等国，目的是收集青铜器的资料，编写一部流落美国的庞大的青铜器图录。约三年，他终于完成了在美国的研究任务。那时，国外学术界对他的研究成果均表示赞赏，就连喜欢收藏的瑞典国王，瑞典最著名的汉学家高本汉（诺贝尔文学奖终身评委马悦然的老师）也无不敬佩他。当时，罗氏基金会的负责人希望陈梦家能永久留在美国工作。

然而，作为爱国诗人、爱国学者的他，顾不上在美国过现代化生活，以及享有有尊严的学术地位，仍回到了清华，只冀于把自己的研究成果贡献给祖国。诚如赵萝蕤后来回忆说："解放前夕，他曾经劝告许多欲去台湾的专家学者，他怀着十分欣喜的心情，迎接清华、燕京的解放。"

三

当然，令他想不到的是，1951年开始了对"知识分子思想改造的运动"，知识分子必须改造自己的"资产阶级思想"，并清算"美帝文化的侵略"。教授们必须在群众大会上逐个进行"自我检讨"，还须"揭发批判"别人，以彻底清洗自己的灵魂。被认为态度恶劣的人，被隔离反省。之后，就开始了院系调整，大学重组（如从教育事业发展看，其实是一次折腾）。教会大学如燕京大学都停办了。清华大学的文科也取消了。陈梦家在清华大学受到批判后，离开学校，被分配到中国考古研究所。但1952年，陈梦家随大学院系调整后，还继续他的甲骨学与西周青铜器研究。在约三十年的工作中，他为我们留下了《中国文字学》《殷墟卜辞综述》《尚书通论》《西周铜器断代》等大量著述，留下了近千万字的学术与文学作品；逝世后，尚有二百多万字未及整理。当然，我对陈梦家的真正识见，一得益于撰写《王世襄传》，一得益于能读到湖州师院两赵纪念馆所保存的资料。我多次听王世老谈起陈梦家。记得王世襄在世时，我听他谈得最多的是两个人，一是陈梦家，一是张葱玉。他对亦师亦友的两位，无限怀念。他老常挂在嘴边的一句话是："如梦家还在的话，那明代家具研究的著作，就肯定轮不到我写了！”如今，我们读王世襄留下的《怀念梦家》一文，当年，两位学者因共同爱好产生的情感弥久深长，历历在新。王世襄说：“我们既已相识多年，现在又有了同好，故无拘无束，不讲形式，有时开玩笑，有时发生争论，争到面红耳赤。梦家此时已有鸿篇巨制问世，稿酬收入比我多，可以买我买不起的家具。例如那对明紫檀直棂架格，在橹班馆南口路东的家具店里摆了一两年，我去看过多次，力不能致，终为梦家所得。”那时的陈梦家，比王大三岁，均在燕京大学读书，只不过王入燕大时，梦家已是攻读古文字学的研究生了。所以，在明代家具收藏上，陈比王更俱学识，物质上更有条件。但是，王也有其优势，那就是他靠一辆破车，不惜费工夫费大劲，逛鬼市走地摊，偌大的北京城里城外，他到处能跑，故能收到梦家坐在书房里所不得的家具。他们俩有时为了一件家具，可争得面红耳赤；甚或相互比试，互相逗玩，煞有介事地各自表现一番。当然他们是朋友，更是明式家具收藏上的诤友，故谁也不想夺人所好。陈梦家与王世襄这段难忘的友谊，维系了有十多年之久，直到“文革”各自遭难，但于收藏古家具上，还是难兄难弟。一如王世襄所说：“就是1957年两人都被错划成右派了，也没有中断过来往。”

四

可以说，陈梦家与王世襄的友情，平易率真，性情互见，从未有任何芥蒂。王老还说：“我对梦家的认识则是：一位早已成名的新诗人，一头又扎进了甲骨堆，从最现代的语言转到最古老的文字，真是够绝的。”这，就是王世襄对陈梦家敬羡不已的评说。1957年，陈梦家被划为右派，是史学界著名五大右派——尚有黄现璠、向达、雷海宗、王重民，但陈梦家当时年龄最小。陈梦家被划为右派后，他的夫人赵萝蕤，因受到过度刺激，导致精神分裂。陈梦家被划成右派后，对他的惩罚是：降级使用。当然，比起那些被送到北大荒的人来说，他受到的处罚不算最重。他仍然在考古研究所做研究，曾经一度下放到河南农村劳动，做踩水车，等等。但紧接着的是那更使人难熬的“文革”。1966年8月，陈梦家在考古所被“批判”被“斗争”。他们的家被抄，他们夫妇的住房也被别人占用。1966年8月24日，那晚，陈梦家在被斗后，离开考古所，来到住在附近的一位朋友家中。他告诉朋友说：“我不能再让别人把我当猴子耍了。”这时，考古所的一些人跟踪过来，在他的朋友家中，强按他跪在地上，大声叱骂他。然后，这些人把他从朋友家又押回考古研究所。当天晚上，不准陈梦家回家。那样的日子里，红卫兵满城到处抄家打人，烧毁文物，没收财产。当时的考古研究所位于北京市中心，离王府井大街很近，穿过马路就是中国美术馆。那天夜里，陈梦家被关在考古所里，他被剥夺了一切，已远不止是做人的体面和尊严。于是，陈梦家在8月24日夜，写下遗书自杀，但未遂。十天以后，陈梦家又一次自杀，最后自缢，于1966年9月3日死于非命，仅55岁。也许，陈梦家用一生实践了自己的诺言，人民将永远不会忘怀这位赤诚的诗人与学者。只是，鲁迅曾说：“但倘有同一营垒中人，化了装从背后给我一刀，则我的对于他的憎恶和鄙视，是在明显的敌人之上的。”如今，离陈梦家去世，已半个世纪了，遥想当时，究是自己同一营垒中人，还是化了装的人所为，至今似难分辨。但终究是应验了陈梦家曾说过的一句话：“这是‘1984’来了，这么快！”陈梦家虽歌唱过“小星点亮我的桅杆……新月张开一片风帆”，可那时，没有他理想中的新月，更没了小星去点亮人生的桅杆。他也吟出过，“榨出自己的血甘心酿别人的酒”（《自己的歌》），而1966年的那天，正是大地上月黑风高的晚上，一个诗人与学者的血，是被榨出来了，但酿出了醇香的酒吗？啊，往事如烟，终无法究其所想所为了。可令人扼腕的是，这么一位大家，正是学术上最有成就之际，却过早地凋谢了。真的，一个诗人之死，“是那么实在，可又这么空无，是这么不容怀疑，可又这么不可思议。”总那么让人沉痛地不能忘却。虽然，陈梦家在逝世十二年后，终获平反。可正如他夫人赵萝蕤所说：“深可惋惜的是，他死得太早……他还可写出许多著作，为他所热爱的祖国现代化增加一些砖瓦，但是他没有能这样做。”的确如此，他死得太早！这正是人间莫大的损失与悲哀。

如今，半个世纪已悄然逝去，写此，笔者只能引一首诗，作为对陈梦家的哀悼。诗曰：“他们的心是不会理解诗人的，他们的心不能够爱他的心灵。不能够了解他的悲哀，不能够共享一切的欢欣。”

是的，那个时代的人是互相隔膜的，不能理解世界的一切以及一切的人。整个社会，唯崇拜的，是“翻天覆地”“唯铁与血”“与人斗其乐无穷”。殊不知人的自由与和谐，在那个天地里，那样的时代中，岂容得：一个真正的诗人的存在？

巴金　# 从故居所想到的

上海巴金故居

一

那日，有机会参观巴金故居纪念馆，看了他曾经生活半个世纪的一间间旧房、日常用品、曾经阅读过的书，他几十年生活、写作之场景，难以计数的文物、图片、资料等等，似还原着一个真实巴金的气场和氛围。当参观完，静静走出故居，令我默然又想起，早在2005年10月17日，巴老已离我们而远去——不尽之思似波涛，在心底起伏不息。所谓睹物思人，时间虽过去了八年，可凡热爱他的人，总留下些许悲痛。巫宁坤先生曾说“死亡绝对不会战胜”。那么，参观了巴金留下的一切，如今，他“生在大化中”，犹宇宙间一粒微尘，仿佛还在我们的身边。

回家晚了，灯下读巴老的文集，这位语言真朴、心胸坦诚，从“五四”成长起来的中国作家，晚年所写的随笔散文，更是寓意深邃，选材精警。他的《怀念振铎》一文，字里行间透出真挚之情，读毕此文，不禁掩卷沉思、叹息不已，起身凭栏，遥望夜色，心头即升起一种忧郁沉重之感。

这篇《怀念振铎》，讲述了巴金和冰心在莫斯科访问，突然得知郑振铎在苏联遇难，这对他打击很大：“我只记得冰心说了一句‘我想他最后在想什么。’而她没有告诉我她的想法，我也没有多问。第二天在回国的航机上，我一直在想着振铎，我想知道，他最后在想什么。”

1958年，郑振铎在苏联遇难后，巴金始终在想一个问题：冰心“为什么那么敏感，她首先想到的是这么一个问题？”现在看来，冰心的敏感，确是一个先见。而这样的事，这样的问号，总在巴金心间沉甸甸地挂着，时光流逝，一晃四十多年过去。

不管这个谜底是什么，巴老到了1989年这个大转折的年代，在他的生命还剩下不多的时间里，他还在继续思考这个积年已久的问题。他终于忍耐不住了，又用他颤抖的手拿起笔，欲把这个问题向世人写出自己的所思所忧。但是，就这样写写停停，停停写写，写了漫长的十年，却始终还没有写完。仅写了四千多字，留下的还是篇未完稿。

我想，在巴老心中想着郑振铎的时候，他心中一定还会涌上除郑振铎外的许许多多凄楚的往事，还有类似的那些人那些事，总犹如一粒粒铅屑那样，密密麻麻充塞在历史的隙缝中，同时也在他心底沉淀着，且都是巴金亲身所经历的。

二

当年，他和郑振铎最后分别的情景是："那个中午，他约我在一家小饭馆吃饭，我们头脑都有些发热，当时他谈得最多的就是这个。（即两三个月后，在共产主义社会再见！）他忽然提起要为亿万人的幸福献身！他很少讲这一类的话，但是从他的一举一动我经常感受到他那种为国家、为人民献身的精神。"

郑振铎先生为什么以前"很少讲这一类的话"，而"当时他谈得最多的就是这个"呢？其实，巴金有所不知，处于当时的形势下，郑振铎能讲些什么呢？自1951年全国开展"三反"，虽然郑振铎一直埋首于故纸堆中，但频繁的政治运动此起彼伏，当时他虽身为文化部副部长、国家文物局长，但只有俯首听命之义务，无一点实际权力。这有王世襄亲历的两件事可做佐证。据邵燕祥先生说，“王世襄是忠厚长者，绝口不言人非，但说到前辈学长时，对傅斯年、郑振铎略有微词”。而对郑的微词，主要有两事。一是20世纪50年代，郑振铎时任故宫博物院的上级国家文物局局长，他下达王世襄一项任务（王时任陈列科长），必于三天内在太和殿布置出一个“伟大祖国文物展”，且须把故宫精品陈列出来。王世襄认为三天实在太急了，因太和殿正在举行“抗美援朝展”，光撤前展最少得一天，为此，弄得不好哪一件人间稀宝会遭殃，那“简直是在开玩笑”！多年后王世襄还为此事心中发慌，双腿发软。王认为当时身为局长的郑振铎，完全是行长官意志。殊不知郑只是听命而已。（《今晚报》，2010年9月29日）另一件事是“三反”运动时，王世襄不幸遭冤“盗宝案”，被羁几年后，开除公职。当时，王向故宫的上级文物局局长郑振铎反映实情，但郑未能施以援手。

对于这些当年不解的问题，若从历史角度看，也许就不难理解。因为，连郑振铎自己也“泥菩萨过河自身难保”。反右运动后，紧接着是1958年“大跃进”运动，郑振铎身处“假、大、空”时代，无法摆脱当年的荒谬。

今日，只要一翻1958年8月13日《人民日报》，扑面而来的记载是：“麻城建国一社，出现天下第一田，‘早稻亩产三万六千九百多斤’的丰产纪录。”还有比这更高的调子，如当年《广西日报》记载：“广西三江侗族自治县的天下第一田，欲达到亩产二十五万斤指标。”当年大喊大叫的是：“人有多大胆，钢有多大产。”（《工人日报》，1958年9月28日）……这类口号是当时大唱特唱的调子，任谁能说个“否”字？

身处这样的年代，一些正直的知识者还能谈些什么呢？除了沉默外，郑振铎向巴金谈得最多的，当然只能“要为亿万人民而献身的精神”了！幸好郑振铎于1958年，那样的年代，却突然因公逝世了。

三

想起这往事，就令人心痛。但让他更心酸的是“好人没好报！”

巴金曾道：“……后来听见一位朋友说，本来要批判他，文章已经印好，又给抽掉了。这句话使我很不舒服。”的确，那炮弹早已经准备好了，然而却没有活靶子，因为作为被批判的活靶子郑振铎，突遭空中遇难死了。巴金知道，连郑振铎这样对中国文化有过大贡献的人，也要受到批判，而且连批判文章也印好了，只待哪天需要，即可炮制出笼，心中无不荒凉。

其实，在北京的文化界，郑振铎早已内定为一个批判的重点人物。1958年5月下旬，全国开展“插红旗、拔白旗”运动，郑振铎首当其冲，成为众矢之的。6月2日，《文汇报》点名批评他“厚古薄今”。紧接着，《光明日报》也陆续发表批郑文章。8月下旬，文学研究所决定所内群众批判郑振铎。到了9月，北京大学中文系一研究会发表批郑文章，公开点名“郑振铎是中国文学史研究者中的一面大白旗”。9月下旬，文化部领导层内部对他进行批判帮助。那时，他不断地做检查，一次又一次地接受批判。极左路线使文坛荆棘丛生，人事更为错综。郑振铎所撰著作被肢解、被批判，甚至外联到胡适。他的保护传统文化遗产之说，成为“厚古薄今”的罪状。更有趋炎附势者，又落井下石，心术不正者更是上纲上线，不置他于死地不善罢甘休。

郑振铎，治学严谨，为人清高但宽松厚道，一生向往光明。随着对他的批判不断升级，反复地折腾，甚或整人，他彷徨了。郑振铎一反平日习惯，忽然提“要为亿万人的幸福献身”了。9月下旬的日记，他又愤怨地写道：“下决心不再买书。”一位视书如命的学者，却要与书决绝，足见他已到了怎样一种绝望的境地。

10月17日，郑振铎终于有了率团出国访问的机会，批判会暂停，但批判文章继续出笼。天有不测风云，飞机在苏联上空失事，一代英才就此陨落。

“虚负凌云万丈才，一生襟抱未曾开。”所以，当巴金参加郑振铎追悼会后至郑家时，曾回忆说：“在阴暗的屋子里，面对用手绢掩了眼睛、小声哭泣的郑大嫂，我的每句话都显得很笨拙，而且在刺痛自己的心。”

反右的日子，巴金看到别人遭到批判时，特别是如郑振铎这样的人也不放过，在这热热闹闹的“大跃进”时代，他只感到很孤独、非常寂寞。他只“匆匆地逃出来，我拉着曹禺的手要奔往‘共产主义’，我不知道它在什么地方……”这便是巴金当时所怀有的一颗疑惑而惶恐不安之心。巴金体会了当时的政治运动给他一些好友带来的无限痛苦，再加上郑振铎之死亡，使他的心灵受到深深的震动，并对“共产主义”有了些许的迷茫。“我发现自己讲惯了的豪言壮语全是空话。”

可是，那时是靠豪言壮语过日子的，如失去了它就“皮之不存，毛将焉附”。当时，为应付报社，巴金写了哀悼文章，但再多读几遍时，就觉得很内疚，好像侮辱了朋友。因为，郑振铎的一生，从不为自己而生活。

四

作为新文化运动的倡导者、文学研究会的创始人之一，巴金亲眼看到在敌伪时期，郑振铎住在小屋里，为了抢救宝贵的图书，宁愿自己过艰苦的生活，甚至拿生命冒险，为我们的中华民族，保存了多少文化财富。郑振铎在国难深重民不聊生的时期，不惜重金搜救很多宝贵文物典籍，并全部于新中国成立后捐赠了国家。他一生为保存祖国的文化，付出了多么大的劳动，也只有他自己知道！

巴金，他作为文博事业上的一个外行，曾说，他愿以公民的身份，向郑振铎表示感谢。可巴金说：“但是……在郑振铎死亡前，却很少有人向他感谢。连外行也知道感谢，而且只是以他一个小小的公民的身份去感谢……这不是极大的一个悲哀吗？”

郑振铎的突然遇难，应了普希金的“活得匆忙来不及感受”那句有名的诗。但巴金日后所经历的残酷现实，使他从模糊变得清晰起来：“自己不知从什么地方找到一种面具，戴上它用刻刀在上面刻上奇形怪状，反而以丑为美。再发展下去，便是残害人类的十年，将人作狗。我受了不少折磨和屈辱。我接触了种种不能忍受的非人生活。”

这是将人变为刍狗的年代。由于巴金自己切身的体验与经历，于是，他虽哀伤郑振铎的不幸而亡，但随着时间的流逝，又感于他的老朋友——“振铎有幸”了。死本是人之最大的不幸，可是在那乾坤颠倒的年代，甚至在求死而不得的年代，郑振铎之生命能及早凋谢，在巴金看来反而成为有幸了。巴金的这一想法，如在一个正常社会，那是不可思议的。可在当年，郑振铎如不遇难，“都说他即使活到了‘文革’，也过不了那一关”。这确是大实话。在那风雨如磐的“文革”年代，并非危言耸听，一如老舍、傅雷、陈梦家……都过不了那一关。

在这方面，巴金倒很坦率，他说：“我反复思索，为什么我过得了关而他过不了？我终于想出来了：他比我好；‘他正，正直而公正。他有一身的火，要烧掉从各方面来的明枪暗箭’。”

根据巴金自身体验的几十年经验：处在这样的年代凡能低头弯腰，能承认那一切胡话，只有毫不留情地批判自己，只有这样才能顺利过关，反之就难以生存了。巴金还总结出一条很重要的生存经历：“根据这几十年的经验，我能忍才能过那一个一个的难关。这并不是容易的事；忍受奇耻大辱，我一直认为，活着是重要的，活着才能保护自己，伸张正义。而不少在‘运动’中，在‘文革’中被人整死的人和所谓‘自绝于人民’的人，就再找不到说话的机会，也不能替自己辩护了。”

“我忍受了十年的侮辱。固然我因为活下去，才积累了经验，才有机会写出它们；但我明白了一点：倘使人人都保持独立思考，不唯唯诺诺，说真话，信真理，那一切丑恶、虚假的东西一定会减少很多。活命哲学和姑息养奸不能说没有联系。以死抗争有时反能产生震撼灵魂的效果。”

五

巴金的这两段有关活命的话，使我想起钱钟书在《管锥编》中所引的话：“受国之垢，是谓社稷主；受国之不祥，是谓天下王。正言若反……”如若照苏辙的话，他也认为：“正言合道而反俗，俗以受垢为辱，受不祥为殃故也。”

其实这不难设想：只要处在仍是封建式的“一言制”状态下，不论是如巴金式的忍辱负重地活了下来，还是不能忍辱地死亡了的人们，在那样的时代，往往总是“正言若反”的。巴金活得长寿，有幸做了历史的见证人。

当人心中除了猜疑恐惧便容不下别的事物。封建的历史往往如此。

郑振铎没有遇到“文革”，巴金等到并参加了“文革”。但巴金每一次遭受屈辱，就想到他的老友郑振铎，以及其他许多同命运的人。我们再来看巴老在1999年初，是用什么样的心情怀念他的老友的：

“……几十年的光阴没有能好好地利用，到了结账的时候，要撒手也办不到。悔恨就像一锅油在火上煮沸，我的心就又给放在锅里煎熬。我对自己说：‘这该是我的最后的机会了。’我感觉到记忆摆脱了我的控制，像骑马向前奔逃，不久就将留给我一片模糊……”这是巴金在生命最后所做，并在想着的一件件事。

那么，以此，他的好友郑振铎最后在想什么呢？我想，郑振铎60岁遇难，一介书生，意气风发，一生遭了那么多批判，遇难时最后在想什么，其实巴金行文已道破了许多，一如朱维铮先生所说的，欲“破那谜底，其实也不难”。但我想，那谜还是悬着，随时间之推移，便会自解。

在这里，还得借用诗人艾青的一句话作结：“为什么我的眼睛里常含泪水，因为我爱这土地爱得深沉。”

朱维铮　百年思索

朱维铮夫妇与作者在南浔合影

一

对于朱维铮的作品，我早读了一些，如1995年的《音调未定的传统》，就给我留下深刻印象，他每篇作品，均充溢着高亢而深邃的思想，音容意气，充溢于字里行间，其间还铺垫一层浓烈的情感。虽然写的是学术性文章。朱先生治学严谨、功力深湛，可常年还坚持在教书育人的第一线，虽带博士生但仍一直为复旦本科生开课，被评为“学生最喜爱的导师”。我想，于今日一切向钱看的市场经济大潮中，单就这一条，便令人敬佩不已。而今晚（3月10日），突然从上海电视台获悉朱维铮先生逝世的消息，不禁愕然。虽说，早知道他患病有时，但前一段时光，听说病有些好转，就为之高兴。现噩耗传来，真不太相信，但复旦学子的追思活动，电视已播出两天，而今又接到《走出中世纪》的责任编辑陈麦青先生发我短信，说：“朱先生患病，自手术后到逝去共二十一个月，实在病情险恶，无力回天，惜也！” 记得辛亥百年纪念时，重读他为纪念戊戌维新百周年与龙应台合编的《维新旧梦录》，更使我爱不释手。龙应台在书中为我们留下了《百年思索》一文，她把中国放在19世纪各国的大背景下，作了画面式的强烈对比，如那时的维也纳：“每年都赋予个人以新的权力，司法愈来愈温和与人道……愈来愈广泛的社会阶层，获得真正的选举权，从而，通过合法手段来维护自己的利益。”而朱维铮先生在这本书中，为我们留下了《晚清的“自改革”与维新梦》长达数万字之文。他列举众多晚清文献，于体制、改革、地域，以及慈禧两度垂帘听政等，为我们绘出19世纪黑暗的中国，那是：“官制不善，习非所用，用非所用，一官数人，一人数官，牵制推诿，一事不举，非钻营奔竟，不能疗饥……贪财污鄙……”

他的文字深刻、准确、警醒，为我们剖析中国走入近代历史以后，社会思想始终陷入一个怪圈，复恶性循环不已，从而对国家政制的固弊，提出了他独到的质疑：“难道当年诱发的维新梦的种种问题，也消失了吗？非也。戊戌至今，历史又走过了一百年，再度濒临世纪末……吏治腐败，机构臃肿，冗员浮滥，特权猖獗，法治不立，教育陈旧，决策黑箱运作，言论毫无自由，诸如此类现象，仍然不停困扰着本世纪的改革者。这不是任何辩护者所能掩饰的。”这样的质疑，令我有振聋发聩之感。这是朱维铮于1998年所写的文字，充满了历史的真实，也充满了他个人的饱满的激情与忧国忧民的精神。这在他为此书选择出30多人，如龚自珍、魏源、郭嵩焘、曾纪泽、谭嗣同等，当年，那些维新志士的文章，即见一斑。“回顾中国19世纪末，变法有了点曙光，新政有了个起步，但很快就在中国大地上被践踏而熄灭了。”

二

朱先生作为一个近代史学家，无不在其文字，在其心灵上，为中国求索了二百多年而未成的民主自强之路而忧心。在这条崎岖而漫长之路上，我国自明代中叶以来，一直徘徊甚至倒退的原因，“竟是中国人自己”，这在朱先生看来，是一多么可悲的历史现象。当读到朱先生在这本书中，那些一针见血的文字，我可以真切地感受到朱先生写此文时，内心的痛苦和愤激。我曾听过朱先生非常赞成鲁迅的话，他说，“我赞同鲁迅的话，批评应该好处说好，坏处说坏……我批评现状，是希望现状能有所改变……”听了这话，在这里，也可借用李长之在《鲁迅批判》一书中说过的话：“中国的社会，不错，有了曙光了，但是积厚沉阴的暗霾，那是需要雷和闪电的。”真的，读了朱先生的书，他的名字，我仿佛“便觉得是滚圆的活跃的血似的长虫所盘拢的身躯，也就仿佛热沸的温泉所奔流着的路径”。也许，朱维铮先生继承了经学研究的正统，且进一步超越，认为经学应该走出中世纪神学，继承五四以来的启蒙，并与现代思潮接轨。这正是中国传统知识分子，最后一代人的资质。

说来有幸，我和朱先生的相叙，正是在2007年10月12日，那时他正在浙大做一个讲座，当晚，我们能在美丽的西子湖畔的新新饭店相见，灯光下，只见先生长得结实魁梧，虽已步入70岁出外的年龄，似有一股英俊潇洒之气拂来。宴间，我们大家走到那装饰一新的高高的阳台上，一赏秋高气爽的西子湖夜景，朱先生虽话语不多，但很兴奋，也颇幽默。那天，麦青先生特地带来了出版不久的《走出中世纪》一书，朱先生一一为我与绍平先生题签。那晚，以印线装书著名的富阳华宝斋蒋放年的女儿蒋凤君，也从富阳赶来助兴。谈书论文，不亦乐乎，显然朱先生白天在浙大讲了一天课的疲劳，也因谈兴甚浓而顿时消失。而就在杭州那晚上，我邀朱先生能来湖州，做一个有关历史乃或国学的讲座。他当即爽快地答应了我的要求。

10月21日，朱先生与夫人、陈麦青先生，终于前来湖州讲学。那日下午，从上海一路行来，途经江南名镇南浔一游，那是短暂的参观，但嘉业堂之藏书，刘承干的适园，正是金银桂花送香的季节，九曲桥湖畔，树木蓊郁，入秋的阳光，澄蓝的天空下，那日园内，空气格外清新，这一切使整日用心苦读，从书斋中走出的他，心情分外闲适。第二天下午，前往湖州职业技术学院苕溪大讲堂，做有关国学的演讲。那日，朱先生从什么是国学开讲，然后把国学、国粹、国故的历史，细细做了辨析。而中国历史上，源远流长的文化形式，随时代之变，如何来发展自己的民族文化？朱先生皆娓娓道来。他沉稳有力的讲演上，始终认为“坚持从历史本身来研究历史”，以及“真理是通过争论而确立的”，是他立论的主题。还有中国历史的悠久曲折，必须“从真实的历史事实”来阐明这一切。

这次讲座，气氛热烈，听众如云，有老师、学生，也有各界人士。演讲结束后，学校师生、校领导大家围齐在一起合影留念。朱先生还笑盈盈地告诉我，他不太喜欢到处讲演走动，而这次能成行至一个钱玄同、沈尹默的故乡，一个江南文化底蕴深厚的地方讲学，他真的十分高兴。

三

几月后，我有机会到他上海的家中，他领我观赏那两大房间的藏书，然后，又信步带我们走至他另一间书房，我们一边喝茶一边聊天。当聊到他的长文《走出中世纪·从晚明至晚清的历史断想》，先生特地与我谈了他的真实的写作动机。这次，我还向他请教史华兹的《寻求富强：严复与西方》和《古代中国的思想世界》两书所阐思想。（因朱先生有解读《史华兹的“思想世界”》一文，刊于2007年《文汇报“学林”》）这次，我还冒昧大胆向他提出：“先生为何还要用一些马克思的观念，乃或《资本论》的观点，来分析你的论述？于今是否有点过时。”他听了，却不像有些人面对质疑脾气不好起来；仍旧沉稳又慢条斯理地回我说，“也许，我年轻时代就深读马恩的学说，马克思的五种形态的结论，我不信，但他的‘历史要从事实来阐明一切！’这话我信，我到德国讲学时，也讲我的想法。”也许，我不属于他们学院派的圈子，所以这样的唐突之见，他对我不做计较，也有可能。但我觉得这样的争论，他却反而兴奋，于此，他说话更坦率。如他对当前中国大量的人口流动，过春节时流动人口、车辆达到如此高峰，不无忧虑重重地说：“中国历史多次发生流民事件，且流民若如不加引导，也会引起流寇之事的发生。”亲聆他一番话，不管怎么说，一个知识分子的忧国忧民之心，拳拳可见。我想，这话其实在他《走出中世纪》（增订本）第23节中同样有论：“从秦朝末年到清朝中叶，二千年间，它曾经屡次被造反的农民所打烂，……因此，而造成的周期性无政府状态，或者导致频发性前封建体制的复归，在当时都曾使忧国之士吃惊与呻吟……”

后来，陈麦青先生又转我朱先生签名本《走出中世纪》第二集（2008年5月），这里边的许多文章，发表时一直受到许多学者的青睐。因为，无论从史实从理论，抑或从文采，读后均能折服人。书中的一些论述，也最能见出朱先生“治史的卓识与功力”。其中，他对明清“二祖”（明太祖、明成组）“三帝”（康熙、雍正、乾隆）不无好感，对“康乾盛世”也不以为然。的确，朱先生有自己为学的力场与爱憎。他总是坚持自己鲜明的个人观点，决不随风倒，决不骑两面墙。我想，抑或有些偏激之处，但却充分展示了他的独立治史的判断，这从一个侧面，也充分继承了陈寅恪治史的“独立之精神，自由之思想”。所以，才有了刘梦溪先生之评：“我喜欢他的直言无隐的风格。其实我们吵过架，但很快重归于好。我因此说维铮是‘学之诤友而士之君子’”，“我读维铮书看到的作者，宜乎‘独断之学’胜于‘考索之功’”。因此他是一位名副其实的“高明者”。的确，朱维铮“看重思想的力量。他的学问是活学问，不是死学问”。

朱先生长期习惯夜里读写，上午睡眠。“上帝虽未垂顾于他，却为他拨出比常人多得多的时间。疯狂阅读加上惊人的记忆力加上超强的理性分疏能力，成为朱维铮学问过程的主体精神结构。”（见刘梦溪《思想的力量》）除上述著作外，朱先生还主持编校了颇具影响力的《中国文化史丛书》《马相伯集》和《中国近代学术名著》（丛书，已出十种。）《利玛窦中文著译集》等，当然，还有尚待编辑的大量文稿。但是，这一切，耗费了朱先生多少心血，消尽了多少血肉之躯，直至他生命的最后羸落。

如今，朱维铮先生走了，我重又拿出他长达两个小时的演讲录音，静静地在电脑上听着，他的声音我喜听：沉稳、有力、节律感强。而今天正是他的追悼会，我未能去为他送行，然而，本想电请麦青代献花圈，但想想只是形式；最好的纪念，还是读朱先生的一本本著作，乃或写一纸悲情悼文，寄托哀思，送史坛“铁骨铮铮的秀士”上路。甚或我想，有哪位复旦学子，能与我合作写一部《朱维铮传》，连同他的文章，一起长存人间，我相信，他与天下之友谊，亦永留人心间。

陆心源　皕宋楼的藏书

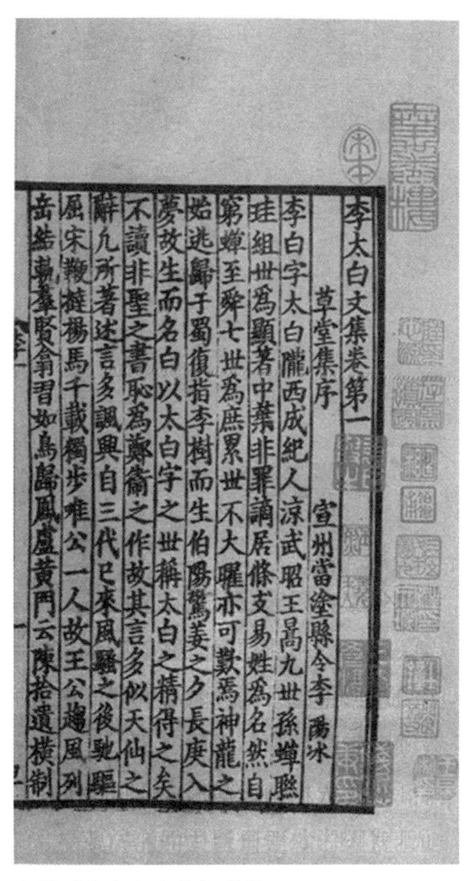

李太白文集卷第一

草堂集序　宣州當塗縣令李陽冰

李白字太白隴西成紀人涼武昭王暠九世孫蟬聯珪組世爲顯著中葉非罪謫居條支易姓爲名然自窮蟬至舜七世爲庶累世不大曜亦可歎焉神龍之始逃歸于蜀復指李樹而生伯陽驚姜之夕長庚入夢故生而名白以太白字之世稱太白之精得之矣不讀非聖之書恥爲鄭衛之作故其言多似天仙之辭凡所著述言多諷興自三代已來風騷之後馳驅屈宋鞭撻揚馬千載獨步唯公一人故王公趨風列岳結軌羣賢翕習如烏歸鳳盧黃門云陳拾遺橫制

宋版《李太白文集》书影

一

我因亲自去过日本静嘉堂，阅读了那里的许多保存完好的宋版名籍，故对曾经化一生心血收藏并研习古典文献的陆氏家族，格外有一种崇敬的心情。

湖州的陆心源（1834—1894），系清末四大藏书家之一。他生于道光十四年（1834），浙江归安（今湖州）人。他自幼天资聪慧，好读善悟；5岁入私塾就学，即有异于一般的儿童，特别喜欢读书；13岁时，能诵读九经。20岁入县学，被称为“苕上七才子”之一。对于清代的学者，陆心源特别推崇顾炎武，喜欢研读他的著作，所以将家中的大厅，署名为“仪顾堂”。

其藏书富饶，内容涵盖了经、史、子、集，并以收藏宋元旧椠而著称江南。他不仅是一位名誉江南的藏书大家，还为读者留下了极有价值的著作。其著作体裁多样，遍及目录、版本、校勘、题跋、方志等。其论其藏书，著作成就，晚清的一些藏书家，未有人能望其项背。

陆心源聚书，有一个漫长的过程，贯穿其一生。就数量增长而言，从“万卷”“五六万卷”“十五万卷”到“二十万卷”；就宋元旧椠的积聚而言，从无到十几部、几十部到数百部；就藏书活动的主要内涵而言，从搜集、赏鉴、校勘、考订到著述。总之，陆心源的聚书过程，是他生命里的一个非常奇特的过程。且崎岖曲折，历经几十年而成。如30岁之前，他好学、喜书、爱书，节衣缩食地购书，甚或典衣易书，好不容易，历十多年努力，才聚书万卷。

陆氏并没有祖辈藏书的记载。陆心源因喜爱读书。凡遇未见过之书，必欲购而读之。当时，他家境一般，所以有时为购书籍，不惜典当衣服。据记载："该绅自少即喜购书，遇有秘籍不吝重赀或典衣以易之。自为诸生时，所得已不下万卷。"若从他留下的著作《仪顾堂集》来看，此时尚未有搜得宋元旧椠的记录。但是，这是陆心源藏书的起步阶段，为日后的发展奠定了良好的基础。

而他时运较好，30岁至40岁，却受清朝廷派于粤闽为官，陆心源从政为官，又是藏书的爱好者。他四处搜书，不数年积至五六万卷。同治三年（1864），陆心源31岁，以知府衔分发广东。同治六年（1867），其卸去广东高廉道职，回乡奔丧。这几年，他从广东、直隶再至广东为官，所得俸金，大量购书。当他由京城回故乡时，所携物中，装有书百匮。观者皆笑其迂，认为何物不可带而尽携书。据李宗莲《皕宋楼藏书志序》云："先生偶见异书，倾囊必购。后膺特简备兵南韶，余私揣南韶剧任，又值羽书旁午，当无读书之暇矣。未几，丁封公艰归，装有书百匮。"（《皕宋楼藏书志》）

其时，虽然收书不少，但宋元旧椠还很少，据《仪顾堂集》十二集（高州本）所载序跋统计，搜获的宋元旧椠不过18部而已。

同治十一年（1872），应闽浙总督李鹤年奏调去福建任职，他不忘搜访闽中故家藏书。他说，"予粤东归田，本无出山之志，后闻陈氏藏书散出，多世间未有之本，遂奉檄一行。"

二

这个阶段，正是太平天国运动和第二次鸦片战争之际，大江南北在兵燹之余，有许多家藏书，散出求售。据《湖州府志》云："庚辛之际遭兵燹，而故家遗籍荡然无存。近归安陆氏，购书甚勤，不数年积至五六万卷。"他陆续购得各地藏书家散出之收藏。当时统计，搜获的宋元旧椠，慢慢增至32部。

陈氏，是闽南藏书家陈征芝，字兰麟。有"带经堂"藏书楼。卒后，藏书散出，大半归于周星诒。陆心源多方网罗，收得陈氏旧藏本三种，后又从周星诒处收得不少好书。

同治十三年（1874），陆心源41岁时，决定隐退，离闽归里。其时，他归里后，四处搜求。此时，陆心源赋闲在家，有闲暇时间。他此时，于江浙一带搜集著名藏书家散出的精品，已得书15万卷。从福建罢官归里后，陆心源未再出任。所以，自光绪元年始，他有闲暇的时间，又善治生之术，主要在家乡附近，江浙一带，搜集藏书家散出之精品。其中最关键的是收购郁松年的藏书。

上海郁松年，善搜书，在获得黄尧圃的部分旧藏，又罗致了江南诸大家的收藏，遂成为道光时期最大的藏书家。同治初年，郁家变故，藏书渐渐散出，自然为众多收藏家争购的对象。陆心源便于同治三年（1864）开始购得郁氏藏本。光绪初年，他从福建罢官回乡，遇书商持目录，来售郁氏的书，得知郁家还有不少藏书。对这样的机会，陆心源当然不会错过。他在《元椠玉海跋》中说："及余自闽中罢归，有以郁氏书求售者。余阅其目，是书在焉。因以善价得之。

询其何以仍归郁氏之由，…… 余始恍然。”（《元椠玉海跋》）

直至光绪六年（1880）夏，陆心源又陆续购得郁氏售出的一批藏书。这在李慈铭《荀学斋日记》中，曾有如斯记录：光绪六年庚辰十二月二十一日，“诣傅子蕁小坐，晤其门人陆某，归安人也。言其从兄心源今夏以番银八千饼，尽买上海郁氏藏书，得精本甚多。”（李慈铭：《越缦堂日记》）

陆心源前后数次购得郁氏大批藏书。日本的岛田翰也曾说，“今案其目，总四万八千余册”。若每册依二卷推算，四万八千余册当为九万多卷。故有“皕宋之书，大半出于郁氏”之说。

光绪八年（1882）陆心源49岁，《皕宋楼藏书志》刊出。李宗莲曾在序文中写道：“十余年来，凡得书十五万卷，而坊刻不与焉。”“宋刊至二百余种，元刊四百余种”。这些数字可能被夸大了，但是，这个阶段陆氏的聚书，确实一跃而上了一个的新台阶。陆氏搜购郁松年宜稼堂藏书后，其藏宋元旧本、影宋元精抄以及明清以后刊本达15万卷之多，无论在质与量方面都足以跻身大藏书家之列了。这以后，他的藏书虽然继续有所增加，确实还有一些《皕宋楼藏书志》未曾收录的书，也有“通计所藏至二十余万卷矣”的说法。（李慈铭：《越缦堂日记》第十二册，广林书社，2004年5月版）但是，新增的精品逐渐减少。

此际，五十而知天命之年，陆心源已经跻身大藏书家之列。他把主要精力用于整理收藏，著述刻书编目整理，潜心著述。那时的他，似像一个学者，把时间基本用于著述、编辑的丛书、参与编撰的方志等方面。成为其藏书生涯中，最灿耀的生命体验。

三

陆心源，静心整理藏书，但其主要精力，放到著述刻书上来。在其《上李石农侍郎书》中，对当时的生活有过这样一段描述："平生著述已刻者，无论《宋诗记事》补遗于太鸿原辑三千家。外增一千七百余家，未能考得仕履者，尚有百余家，急切未能付梓。《金石萃编补正》约可得二百卷，较之原书有赢无绌，甫将就绪，尚待勘校。而改修《宋史》之稿，正如满屋散钱，体例难定。《群书校补》刻成仅三十卷，其余均待复勘一行。" 的确，家中收藏存放着这么许多好书，要一本本阅过研究，定费时不少。因为他藏书之理念是，不光得书便罢，还待时日，慢慢消化吸收。这是一个学问家的标志，确是一个真正的藏书家，不可不通向的艰巨之道。

光绪五年，开雕《十万卷楼丛书》三百八十五卷。以后数年，《皕宋楼藏书志》《仪顾堂题跋》《唐文拾遗》《宋诗纪事补遗》等著作，陆续出版，汇总为《潜园总集》九百余卷。此外，编辑《湖州丛书》62卷，笔者曾有机缘，在北京的中国政法大学特藏馆内，看到这几十卷丛书。

尔后，陆心源参加编辑《湖州府志》94卷。至光绪二十年（1894），他临终前一年，完成著述、编辑丛书、编撰方志等合计达1500卷，成为晚年藏书生涯中星光灿烂最末的一个征途。

陆心源的藏书中，一个最大的特点，宋元善本较多，他自己的著述也丰富，这是在众多的藏书家中，独树一帜之处。应该说，他不是专门搜采异本的收藏家，也不是独嗜宋刻的鉴赏家，是一位在目录版本学等多个领域都有重大贡献的学问家。他在《仪顾堂题跋》《群书校补》中表现出的校雠能力；在《皕宋楼藏书志》《千甓亭古砖图录》中表现出的鉴赏能力；在《唐文拾遗》《宋诗纪事补遗》中表现出的文献辑存能力，充分表明“考订、校勘、收藏、赏鉴四家，陆氏可谓兼而有之。”（潘美月：《陆心源及其在目录版本学上的贡献》）

这在中国历代藏书家中，是十分罕见的。陆心源聚书，从一介书生到学问家，体现了我国私家藏书的学术性。而他的中壮年是高峰期，恰逢当时太平天国运动和第二次鸦片战争，确看出他性格特征中，具备了艰巨、刻苦、耐劳（脑力）的性质特性，在那样多变复杂的时代里，他“方是时受丧乱后，藏书之家不能守，大江南北，数百年沈薶于瑶台牛箧者，一时俱出”。于是，陆心源获得了以极低廉的价格购得大批善本的机会。上自苕溪严氏芳椒堂，下迄归安韩子蘧，“有一无二手稿草本，从飘零之后摭拾之，尽充插架，以资著作，素标缃帙，部居类汇，遂为江南之望矣”。这是对陆氏的考验，当然也是机缘。

陆心源的藏书，大半得自郁松年，而郁松年部分藏书得自曹楝亭。而陆心源部分藏书，得自瞿绍基，而瞿绍基部分藏书，则得自稽瑞楼、爱日楼两家。明清时期的江南藏书家多集中在江苏的苏锡常和浙江的杭嘉湖、宁绍一带，藏书家之间的古籍一直在流动。而从书的流动，可以映射出时代的转型、变动和财富资源变化，甚或贫富之变动。总之，一个大变局的社会动乱，既造成了百姓巨大的灾难，也给藏书家提供了千载难逢的机会。我们可以说，这种变动，不是你抢我夺、尔虞我诈，这种传承，也不是家族的世袭变换，我认为，这是藏书家之间，一种代表中国文明之光的传递。

吴藕汀 最后的词人与文人画家

苦中作乐的思想者

我与吴藕汀先生（1913—2005）订交，约在20世纪七八十年代。30余年来，于江南水乡小镇一隅，他虽每天为柴米油盐忙碌，但自号“药窗书屋”“画牛阁居”的陋室，以及他那份苦涩中的闲适，似乎属于另一个世界。吴老哪怕是在最困难甚至家里揭不开锅的时候，也始终和颜悦色，诚待周围的人，融洽无间。其情其景，追溯其源，我想，这大概与他素来信守人不能“跪着吃饭”的精神有关。

近日，小汀兄把《十年鸿迹》上下两册（中华书局2010年10月版）赠予我。每晚于灯下展读时，我犹如读到了另一种《中国大百科全书》。在这些文字背面，使我领略了“人是最脆弱的，但又是最坚强”的深切感受。

迄今，给我留下印象最深的，是一次我到吴老家中，他正在画一幅名为《冬》的画。环望他家，四壁皆空，他睡的木床只是在砖地上用四堆砖头搭起的一个竹铺，上面仅有一床破花絮当被，真可谓“环堵萧然，不蔽风日”。又看到旁边有一只小花猫，正在打瞌睡。正值秋冬之际，我瞧着那飘着雪花的画面，坐在老屋中，寒床、寒气，冷风直透进身骨，感觉格外的寒冷。

吴老自己曾写道：

我在病榻上写《烟雨楼史话》时，狸猫天天偎依着我，使我败絮的被池里，增添了温和的暖气。所以我一见这本书，就好比看见我的狸猫。（见《猫债》）

几十年在外乡，在漫长的政治运动中，几乎无亲朋好友往来，作为一个思想精神的孤独者，他当时的处境和内心的伤感，确是难以用言语来表述。然而，从吴老留下的众多诗作中，还是能体味到一种虽处困厄，但对人生之真谛依然执着追求的情怀。

暗壁藏乌鼠，残书蠹白鱼。夜深无寐月儿孤。却忆花阴，描出捕蝉图。埋骨红薇树，丧身绿蝶裾。楼头青草几番枯。对此愁宵，思念小狸奴。

这样苦中作乐的意境，唯人文精神升华者方能达到。只有吴老这么达观的人，才足以自解、自慰，甚至诙谐地自嘲。

到了70年代末，虽政治环境有所变化，但吴老生活仍一贫如洗。1979年秋，老友沈侗楼将去皖北，吴老送行，有诗云：

强作欢颜酒一樽，欲言无语愧闲人。终违心意阳关曲，云散星离暂且分。

又说：

堤畔垂杨丝欲竦，从今唯望雁鸿书。乡音付与骊歌唱，寂寞浔溪百草庐。

当时，吴老居嘉业堂藏书楼旁一小桥边，诗云：

惜别河桥欲断魂，一帆风顺送征君。此行千里归来早，莫忘高堂倚里门。

这三首诗，既道出了与老友别离时的愁绪满怀，又写出自己困顿、孤寂之情状。我读吴老诗不多，但觉得他的诗风朴实自然、情感丰盈，诗中意韵不逊古人，畅达易懂，恰是那时代厄运的真实的记录。

吴藕汀出身于富商之家，曾一心想投笔从戎，却未能如愿。正因于此，日后他的诗词、画印，所发时评等，无不打上叛逆且先锋之烙印。他写有一诗叫《立报》，表明他对国内外消息、时局的关注。诗曰：

志虽狭小大园场，梼杌纵横满纸张。海外传闻容易读，有关要事载端详。

他曾说："我从十七八岁起，就对国际时事格外关心。这种自发性的兴趣，没有受到任何人的影响。"所以，吴老的遗作，无论从何角度看，处处有新意，总有动人处，总给人从寂寞中走出来的希望，从不沉溺于愁闷之中。

吴老曾记叙：

辛酉年初八，沈侗楼、单培根两兄同来南浔顾我。与之游小莲庄，访王孙乐兄。两兄虽不能饮，但杯酒之欢，在所难免。吟诗作画，以至三鼓。……次日两兄去苏州，我有《岁寒三友》词"送侗楼、了叟之吴门"云："丹青遇合度深宵，鸡唱来朝。蒙蒙细雨，昧昧薄晴，分手河桥。甚处折杨，眼明枝上飘。匆匆聚首别魂消，去路迢迢。那得思君梦里，香雪纷纷满岭坳。目送转轮，茫茫无所聊。”

可想而知，他们那时穷愁潦倒，酒不会是上等的，菜肴也不会是高档的，但诗书画印，吟诵唱酬至三鼓，次日又在蒙蒙细雨中，送别诸友于河桥边流水旁……而在吴老的一篇篇诗文中，类似这样的从愁肠处升腾出境界的段落俯拾皆是。

70岁时，他有一首《阮郎归》词：

光阴眼看飞驰，莫言催老衰。人生七十古来稀，而今但解颐。夕阳晚，晓鸡啼，相逢非昔时。排除烦恼望春归，放歌一阕词。

人生七十后，他从寂寞中走出，并以人生从头越之精神，走向更高的境地。他对金钱与名利淡如烟云，曾说：

我出身于较为富裕之家，钱我见者多矣。视金银之类，不觉其贵。得之漠然，失之亦不丧然。真可以说不知稼穑之不易，不信财物之不贱。虽遭劫运，性犹未改。诚无饭可以不吃，无衣可以不穿之念，故争名夺利，想也未曾想到。张心逸兄初次见面就说我“君子爱财，取之有道”。也没有做到，真有愧也。雨人、锦郎虽属新交，实同旧友。经常劝我卖画，能得薄酬，亦合情合理。我也知道，能得“闲来写幅丹青卖，不使人间造孽钱”何尝不好。以俊秀的作品，换取低廉的代价，是正当的。倘使用拙劣的东西，骗取高价的行为，那是耻辱的。不过一般看来，仍以售高价为荣，取廉值为耻，此已根深柢固，不可逾越的了。但是我行我素，人言亦无可畏也。

我想，一个人雅到了家，或俗到了底，反而能走出象牙之塔，写出人人都能心领神会之妙文，古今中外，无不如此。吴藕汀在他的《十年鸿迹》里，所取大多是琐语偶谈，但令我们从中读出另一种中国文化，其涵盖了历史、民俗、考古、文字学、宗教等领域；初读之下，只觉是谈诗作画、友人酬唱、谈已评人，但从细微处以及字里行间，不时闪现出人生哲思、达人睿智，足见精神内涵之丰富。字里行间不仅充满独到见解，时有喟叹与对人生之幽默，其翔实的史料、引经据典与清词丽句，足让人神怡，还能读出其独立之人格、自由之精神。它反映了时代风雨，是对社会的一个局部透视，更是折射时代的一面镜子。

特立独行之士

生于20世纪之初的那些文化老人，无论遭遇多少坎坷，何种阻隔，他们总是在接续一脉相承的文化之源，按照自己的个性精神，执着地向前流淌，直至渐成大观。吴藕汀无疑就是其中之一。当然，吴藕汀与众多文化老人自有不同处，那就是他的特立独行，是文化生态上独树一帜的狂狷之士。如在《十年鸿迹》一书中，他常会发出一段与众不同之语，比如他对《三国演义》的看法：

我对曹操并无好感。《捉放曹》里杀吕伯奢，当然不是实事，而鸩荀彧、杀华佗却不是虚造。曹操之赎回蔡文姬，使其母子分离，匈奴此时无可奈何，实为势力所迫也。只得母子生离，夫妻诀别。《胡笳十八拍》犹在怀念自己生离的儿子，故在后部八拍之中，无一不流露她思念儿子的哀吟。故而曹操强迫文姬归汉，是为他粉饰太平，哪里是件好事，实质是一件万恶的恶事。同情曹操者并不是郭沫若一人，鲁迅也在《魏晋风度及文章与药及酒之关系》中说过："……因当时正在黄巾兵乱之后，且又是党锢的纠纷之后，这时曹操出来了。不过我讲到曹操，很容易联想到《三国志演义》，更而想起戏台上那一位花面的奸臣。但这不是观察曹操的真正方法。……其实曹操是一个很有本事的人，至少是一个英雄。我虽不是曹操一党，但无论如何，总是非常佩服他。"我以为说曹操好话的人，都不是本分的人，鲁迅、郭沫若等系一路之货也。曹操虽然文经武略，不可一世，自以深究兵术，熟读兵书。可只见了《孙子兵法》，这是吴孙子。偏偏齐孙子的《孙膑兵法》没有见过。我的书架上倒插有一本，真是见其未见之书，任你本事再大，这一点你就比不上人也，哈哈，好不得已煞人也么哥。

又如吴老对中国画坛的看法，也独树一帜：

我很想写一本《百年来中国画的动态》。但是年纪老了，又僻居一隅，资料难寻。沈侗楼兄（注：时任安徽阜阳师院美术系副教授）笔墨锋利，足可当得。他的条件，又可谓足够。但是他喜欢在画法上下工夫，对中国画的兴衰，则置之不顾，真使我非常遗憾。

百年以来，也可算是洪杨以后，中国画处于脱离政治的方向。一些人，有家有当，自命清高，不与外闻。闭门造车，专以仿古为事。一些人，宛如工匠，迎合主顾，不卖金钱，无以为生，专以鬻画为事。尽皆是“闭门不问窗外事”的人，任凭画坛，群魔乱舞，与己无干，毋动于心。此时就有一些画西洋画的人，在国外无人顾问，回到国里，招摇撞骗，也以中国画来抬高自己，作为骗人的手段。这些人既然已经不要中国画，而去学西洋画。到了国外，又回到中国来画中国画，你想还有什么好的东西。倘使洋画画得好，早在西洋立定了脚跟，回来作什么。可见在国外没有了出路，还有何说。好在国内的画家，都是昏庸之辈。只顾自己，不知画学之兴亡。于是被这伙懂得政治的艺术骗子，霸占了中国画坛，以致真正的中国画，已失去了地盘，被排挤出画坛之外，出现了用线条来改变中国画的怪现象。刘海粟、徐悲鸿等等，都是西洋画的失败者，中国画的破坏者。虽然现在要想有所改变中国画坛，恐已是无药可治的了。

吴藕汀的文人画

又如，他对鲁迅于传统文化上之看法，也另有自己独到的见解，他曾说：

鲁迅非但不懂中医和中国画，他对中国戏剧也不懂。看他《南腔北调集》的《看萧和“看萧的人们”记》里说：“……此后是将赠品送给萧的仪式，这是由美男子之誉的邵洵美君拿上去的，是泥土做的戏子的脸谱的小模型，收在一个盒子里。还有一种，听说是演戏用的衣裳，但因为是纸包好了的，所以没有见。萧很高兴的接受了。”这几句话，颇有轻视的味道。与他的《花边文学》里的《略论梅兰芳及其他》二篇，很有异曲同工之谬。

有人说他“偏执怪异”，有人说他多“怪话”，也有人称他“逸士”，我都不敢苟同。我认为，在半个多世纪里，吴老在几乎与世隔绝的状态下，于“斗室中的天下”心无旁骛，唯有诗书印画、诸子百家伴着他。他心中自有一盏灯在亮着。在那是非颠倒、黑白不分的年代，他是一位清醒的思想者，也是一位痛苦的思考者。他于无奈与自觉中留下之文字，他对于人世间一切的拷问，你不论赞同或反对，但足可启发人们，去思索更多的东西。

在历史长河中，十年仅仅是一瞬间。《十年鸿迹》这部书，让我们读到了一个文化老人，真实平常的内心世界。有人说：“每一位伟大人物，和我们同一空间呼吸的时刻，未必能理解他的价值；等到一朝谢世，时间造成了历史的距离，后辈才能看出他的精光异彩。”我非常认同这句话，在我心里，吴老就是这样的人。

梁宗岱　完成感恩的《晚祷》

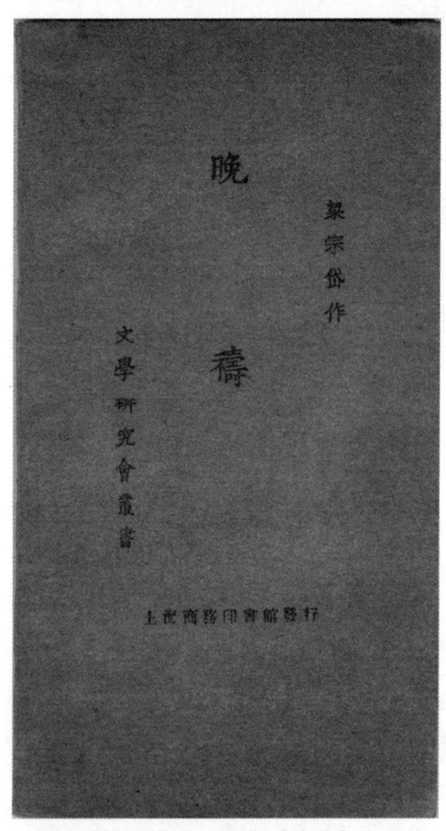

1925年商务印书馆出版的《晚祷》初版本

站在篱边

读梁宗岱《晚祷》，总有重重的画面感在我眼前不断地涌动着、交织着：1859年，巴黎南郊巴比松镇上质朴的乡村画室中，法国19世纪杰出的现实主义画家米勒，正若有所思地凝视着一张未完的画作，画中一对农民夫妇沐浴在昏沉的暮色中，虔诚地颔首祷告着，赤裸的双足，踏着贫瘠的土地，脚边有两小袋马铃薯，便是他们几个星期的口粮。画家米勒，皱了皱眉，正迅速地抓起画笔，蓬松而茂密的胡子也随之上下颤动，寥寥数笔，画中遥远的地平线上，隐显出一座小小的教堂。几周后，米勒将这幅原名《土豆的歉收》之画，更名为《晚祷》，后在巴黎的艺术沙龙中展出，画中悲凄而圣洁的意境，震惊四座。

1924年，中国广州郊外一所绿树环抱、花荫掩映的教会学校里，20岁的梁宗岱，刚结识了一位娴静文雅的同班女同学陈存爱，那时的结识虽很传统，可令他心灵里，泛起了阵阵爱的涟漪。但是，他俩青涩的恋情，很快便因梁家的包办婚姻，早早地凋谢而告终。年轻的梁宗岱，却因此写下了两首以《晚祷》为题的诗，纪念这段交织着纯真与悲苦的青春岁月。

一年之后，21岁的梁宗岱，来到了巴黎，寄居在近郊艺术氛围浓厚的玫瑰村，闲暇时他常常流连于巴黎奥塞博物馆米勒的画作《晚祷》前，画中昏黄的暮色，倒映在他清澈而充满理想的双眸中，身处异国他乡，一种乡愁夹带着绵绵的思恋，时时爬上他心头，那样的时候，诗人梁宗岱，总会默默地在心底吟诵起那旧日的诗：

我独自地站在篱边/主呵，在这暮霭的茫昧中/温软的影儿恬静地来去/牧羊儿，正开始他野蔷薇的幽梦。

我独自地站在这里/悔恨而沉思着我狂热的从前/痴妄地采撷世界的花朵/我只含泪地期待着——/期望有幽微的片红/给暮春阑珊的东风/不经意地吹到我的面前：虔诚地，静谧地/在黄昏星忏悔的温光中/完成我感恩的晚祷。（《晚祷》二）

这时，梁宗岱的第一本新诗集，正由上海商务印书馆出版，诗集就命名为《晚祷》。今日，这本的初版诗集静静躺在我的书橱里。那些负载着诗韵的书页，虽历经时光之洗礼，染上黄色，但只要打开轻轻地翻看（因怕纸线脱落），那一句句的诗，仍如夏日清晨晶莹的露珠，洒溅至脸上，霎时感到久违的清新。

南国诗人留学欧洲

梁宗岱（1903—1983），祖籍广东新会。1917年考入广州培正中学，1923年，免试保送入广州岭南大学文科（英语系）学习。年少的梁宗岱，已显示不凡的文才，在培正中学期间，他主编了《培正学报》《学生周刊》（或称《学生周报》）等，同时以“菩根”笔名，在广州各大报纸发表新诗，在商务印书馆刊行的《东方杂志》《学艺》《太平洋》《学生杂志》等全国刊物上发表作品。中学和大学时期，便写新诗200余首，被誉为“南国诗人”。1921年时，郑振铎、沈雁冰从上海来信，邀请梁宗岱加入文学研究会，入会号是第92号，当时，即成为文学研究会的第一个广州会员。

1924年，梁宗岱深感到岭南大学已无法满足他与日俱增的求知欲，便决意赴法留学，那年秋季，他由香港乘船至瑞士，先在瑞士日内瓦大学学习一年法语。直至1925年的秋天，梁宗岱才踏上了他梦想中的法兰西土地。在巴黎，他结识了一大群与他一样风华正茂，充满艺术理想的中国留学生，如傅雷、朱光潜、刘海粟等，他们志趣相投，常常聚在一起议论时局，畅谈艺术，有时甚至因文艺观点的不同，争得面红耳赤。

欧陆留学生涯，令梁宗岱超高的悟性和无穷的精力，得以最大限度的发挥。1926年春天，梁宗岱经朋友介绍，结识了法国当时的文坛巨擘、后期象征派诗人保罗·瓦雷里，梁之文采深得瓦雷里之赏识，二人交往遂密切。这位也可堪称欧洲文坛的泰斗，对梁宗岱这位东方青年，深为器重与厚爱， 梁宗岱在巴黎，每天用法文写新诗和译中国的古诗。梁的法译本《陶潜诗选》（晋·陶渊明）由瓦雷里作序在巴黎出版，序言中说：“我第一个认识的中国人，是梁宗岱先生。一天早晨，他来到我家里，年轻而且漂亮。他操着一口很清晰的法国话，有时比通常所说的还简练些。梁先生带着一种兴奋的激情和我谈诗。一说这崇高的话题，他便停止微笑了。他甚至透露出几分狂热。这罕见的热情，很使我欢喜。不久，梁君放在我眼前的几页纸，当我读了，立刻再读，我底喜悦立刻变为惊诧。”

1927年，初秋的一天，梁宗岱陪瓦雷里在绿林苑散步，瓦雷里向他讲述了自己著名的长诗《水仙辞》。也就是从这时起，梁宗岱开始翻译这首长诗，直至1928年7月12日译就。这期间，梁宗岱还结识了法国文坛的另一位巨匠——罗曼·罗兰。他将译成的陶渊明诗文稿，寄给罗曼·罗兰，而这位诺贝尔文学奖得主、法国著名作家即回信盛赞：“这是一部杰作，从各方面看：灵感，移译和版本都好……”

1929年10月的一天，梁宗岱拜访了罗曼·罗兰，两人谈到了另一位中国人敬隐渔先生。敬隐渔是中国最早介绍罗曼·罗兰和翻译《约翰·克利斯朵夫》的译者，是和罗曼·罗兰往还最早、时间最久、关系最密切的一个中国青年。（见罗大冈《三访罗曼·罗兰夫人》）他们俩还谈及当时中、法两国文坛现状，歌德的诗，巴赫、贝多芬的音乐、绘画等，之后两人还一起吃点心，去花园散步，在书房欣赏珍藏的绘画以及歌德、贝多芬的手迹。

1930年，梁宗岱从巴黎到德国柏林，在海德堡大学学习德语一年，结识了冯至、徐梵澄，凭着惊人的语言天赋，梁宗岱又熟练地掌握了德语。

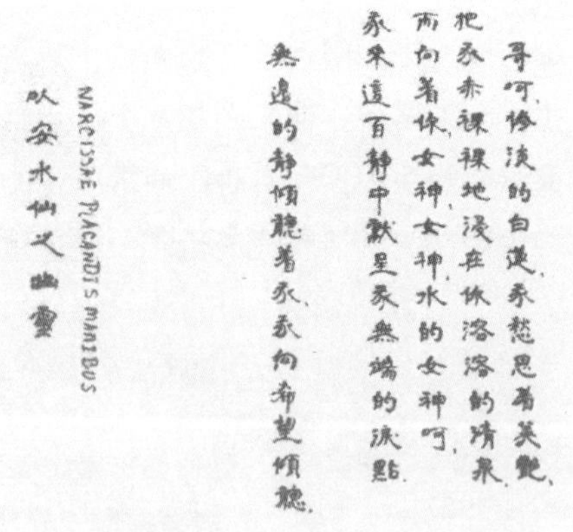

留学期间，梁宗岱著述颇丰，所译瓦雷里的名诗《水仙辞》和所作《保罗梵乐希先生》发表于当年的《小说月报》第20卷第1号上，是他第一次向国人介绍了这位法国杰出的象征主义诗人。同样，

梁宗岱手抄《水仙逝》中译稿（1927年）

梁宗岱所译的法文本《陶潜诗选》由巴黎LeManger出版社出版，产生了非常大的影响。

1931年1月，徐志摩等人创办的《诗刊》创刊，由上海新月书店发行。创刊号发行不久，远在海德堡大学的梁宗岱，写一封长信给《诗刊》主编徐志摩，畅谈读了《诗刊》创刊号后，对中国诗歌，以及对新诗建设的看法。4月20日，《诗刊》第二期，即刊出梁宗岱于德国花了三天所写的长信，加标题为《论诗》，徐志摩在前言中说："最难得的是梁宗岱先生，特从柏林赶来论诗的一通长函，他的词意的谨严是近今所仅见。"

与梁实秋的论战

1931年秋，梁宗岱赴意大利，欲入佛罗伦萨（翡冷翠）大学，想学习意大利文，而此时徐志摩向北大文学院院长胡适力荐，当时的北大，即邀请梁主持北大法文系，而清华也向他发出了邀请。尔后，梁宗岱接受了北大的聘书，准备回国，临行前他向罗曼·罗兰告别，而那时罗氏因父亲逝世及大病初愈，正闭门谢客，可却破例接待了梁宗岱，且长谈相晤四个多小时。之后，梁又向瓦雷里辞别，乘船回国，1932年，年仅29岁的梁宗岱，任北京大学法文系系主任兼教授，又兼清华讲师，一时名动北平。

然而，梁宗岱在北大，仅停留了两年，便在1934年辞去教职，辞职之因，则是一场婚姻诉讼。缘起于梁之原配何氏，虽已另嫁他人生儿育女，但得知梁游学归来当上了大教授，遂追至北平要求共同生活，而梁宗岱坚拒不纳，于是闹上法庭。一向主张接纳原配夫人的胡适，却亲自上证人席，为何氏辩护，指责梁宗岱抛弃发妻，梁宗岱因而败诉。尔后，经知名人士斡旋，梁宗岱以赔偿赡养费两千元为代价，终正式办理离婚手续而了结此案。

梁宗岱离开北大后，旋与女作家沉樱在天津结婚，并至日本度蜜月，回国后，遂任教于南开大学、复旦大学。那时的梁宗岱，算是度过了一段安乐、稳定、自由的生活。这一时期他发表了一系列诗论之文，如《新诗底纷歧路口》《论长诗小诗》《关于音节》等。但此时，他与中国诗坛的另一位代表人物梁实秋，就诗歌观念发生了一场著名的“论战”。梁实秋针对梁宗岱在北京大学国文学会作了“象征主义”的演讲，发表《什么是象征主义》一文，认为象征主义是“神秘主义”，“象征主义的文学，不过是捣鬼，不过是弄玄虚，无形式，实在亦无内容”，“象征主义者无疑的是逃避现实”等论调来嘲讽梁宗岱。

1936年，梁宗岱的译诗集《一切的峰顶》由上海时代图书公司发行，其中除布莱克与雪莱等英语诗人，雨果、波德莱尔、魏尔伦、瓦雷里等法语诗人外，歌德、尼采、里尔克等皆为德语诗人。但是，梁实秋再次在《自由评论》第25、26期合刊上，发表了书评《诗与真》，认为梁宗岱的“象征主义是一个迷迷糊糊的东西”；“他不能用简单明白的理论与文字来解说，愈解说愈使人茫然。”此外，梁实秋又尖刻地指责梁宗岱的专著是“不用常识，不用理智，不用逻辑方法去思维”，而是“用感情，用直觉，用幻想去体验。这种性格，本来宜于写诗，因为不宜于做旁的事，不过若趋于极端则变为病态。这种性格不宜于说理，因为在说理时是用不着感情、直觉与幻想的。”

为此，梁宗岱即写了《释“象征主义”——致梁实秋先生》一文，来回应梁实秋，以捍卫自己的象征主义理论。在这封公开信中，梁宗岱先是心平气和地指出梁实秋“过去的文章底立场”距离自己太远，“立论又那么乖僻”，以致自己和他的朋友都认为梁实秋，要么是“意气之争”，要么是“不宜于做诗乃至谈诗的”性格；随后，梁宗岱直取梁实秋的“诗必须明白清楚”的诗歌理论，认为梁实秋“缺乏哲学底头脑，训练，和修养，实在达到一个惊人的程度”，因而看不懂自己“关于‘契合’的理论，却是植根于深厚的哲学里的”。从此，在文坛上乃或于读者看来，梁宗岱在论诗与译诗上，比其创作的分量更大。

可以想象，当年与著名诗人瓦雷里和罗曼·罗兰之交往，全面升华了梁宗岱对诗歌的认识，他从仅凭一腔灵感作诗，转而开始深刻地思考和探索中国新诗的命运，也由此改变了梁宗岱之后60多年的人生轨迹，他由一个诗人、歌者，过渡至一位诗歌理论家。但是，正当梁宗岱身负美名，决然于中国文坛，施展更大抱负的时候，他之人生命运，却一次次堕入了国家命运动荡与“文革”多灾的惊涛骇浪之中，他中晚年之经历，可谓坎坷多舛。

唯一的诗集《晚祷》

《晚祷》，是文学研究会早期所出的丛书之一，1921年至1937年间由上海商务印书馆出版。研究会丛书包括翻译和创作两部分，可以称得上是中国现代出版最早、规模最大的一套文学丛书，其中出版的新诗集，有朱自清等八人的诗歌合集《雪朝》、朱湘的《夏天》、徐玉诺的《将来之花园》、冰心的《繁星》、刘大白的《旧梦》、王统照的《童心》等。梁宗岱的《晚祷》，为四十八开的小版本，薄薄一册，仅盈盈一掌之大小。青灰色的封面中间，印着竖排的书名，右上角署作者，左下角则印有“文学研究会丛书”的字样，均为竖排，仅在封面下部横排着“上海商务印书馆发行”的字样。全书装帧十分朴素，不着任何纹饰图案，但透出典雅之气息。

唐弢在《晦庵书话》曾写道：“作为《文学研究会丛书》里的诗集，开本和《旧梦》一样，尚有王统照的《童心》、朱湘的《夏天》和梁宗岱的《晚祷》。”《晚祷》初版于1925年3月（民国十四年），第二版重印于1933年4月（民国二十二年），与初版不同，在版权页上加印有“国难后第一版”字样，原因正如《晦庵书话》所说：“商务书版，大都毁于‘一·二八’炮火，以后重印，版权页上一律注明‘国难后’第几版，留此数字，以志不忘，倒也颇有意思。”《晚祷》全书，共收录了梁宗岱于1921年至1924年所作之诗共19首，最初的诗是写于1921年7月的《失望》，最末的是1924年6月的诗《陌生的游客》。

《晚祷》是梁宗岱一生唯一出版的诗集。他曾回忆自己创作《晚祷》时的心境：“那是二十余年前，当每个人都多少是诗人，每个人都多少感到写诗的冲动的年龄，在十五至二十岁之间。我那时在广州东山一间北瞰白云山南带珠江的教会学校读书。就是在那触目尽是花叶交荫，红楼掩映的南国首都的郊外，我初次邂逅我年轻时的大幸福，同时——这是自然底恶意和诡伎——也是我底大悲哀。也就在那时底前后，我第一次和诗接触。我和诗接触得那么晚（我十五岁以前的读物全限于小说和散文），一接触便给它那么不由分说地抓住（因为那么投合我底心境），以致我不论古今中外新旧的诗兼收并蓄。于是，踯躅在无端的爱乐之间，浸淫浮枕于诗和爱里，我不独认识情调上每一个音阶，并且骤然似乎发现眼前每一件事物底神秘。我幼稚的心紧张到像一根风中的丝弦，即最轻微的震荡也足以使它铿然成音。”

《晚祷》是用象征主义的手法写成的，如以翠竹上的晨露，象征悲苦的泪珠，以白莲在碧池中碎落，暗示爱情失意的痛苦等，显得既含蓄又自然，体现出一种新的美学追求。如《暮》一诗，如是写道：“像老尼一般，黄昏/又从苍古的修道院/暗淡地迟迟地行近了。”

梁宗岱，一个天才，也是一位颇有成就的诗歌理论家。在他的诗歌创作中，是自己诗歌理论的忠实实践者。他所定义的“纯诗”，曾作过如此解说：“所谓纯诗，便是摒除一切客观的写景、叙事、说理，以至感伤的情调，而纯粹凭借那构成它的形体的元素——音乐和色彩——产生一种符咒似的暗示力，以唤起我们感官与想象的感应，而超度我们灵魂，到一种神游物表的光明极乐的境域。像音乐一样，它自己成为一个绝对独立，绝对自由，比现世更纯粹，更不朽的宇宙；它本身底音韵和色彩密切混合，便是它底固有的存在理由。”这些，他留下的诗论，早被后来现实主义所淹没，静不下心来的后人，怎能去接受独立、自由像音乐一般的诗呢？

至今想来，这样纯粹之诗人早走了，他离今天浮躁的人心社会也太远了些，今天我们大家，已仿佛成了梁所说的诗国“陌生的游客”。那么此文，就用诗人90年前写的一段诗作结：“什么，陌生的游客？你的面庞/这样的绯红，呼吸又这样微细/可是严冽的秋霜，已紧压你的心苗/虽然青春还荡漾在你的脸上？/……我不是为采花而来！”

关露　千古情人我独痴

关露年轻时照片

可纪念的日子

一位优秀的诗人与小说家，留在世上的作品，终究不会随时代的变迁而湮没。有人这样介绍关露：“在一个短短的时期内，仅发表过她作品的杂志就有40多种；她写的诗、散文、小说、杂文、评论、译作，达260多篇。”一部《关露传》的出版问世，让读者永远铭记她的为人与作品。

关露对鲁迅始终怀有深挚的敬意。1936年，关露怀着一颗诗人般正义激荡的心，在参加上海万国殡仪馆吊唁鲁迅活动后，随着丧葬队伍到达墓地。她对那天这样描述：“我们带着太阳去墓地，带着星光回来。我们唱着挽歌，述说鲁迅先生生前的光辉的故事，忘记了露草染湿我们的衣服和饥饿致使我们身体的疲乏。”

1943年，在敌伪时期的上海，当编辑《鲁迅先生逝世七周年纪念特辑》时，关露发表了一篇《一个可纪念的日子》。她在文中说：“鲁迅为着争取人们的幸福与自由而生，他曾把他的生命作为战场，文章作为他的武器，为着后一代的子孙他努力地生存，也为着后一代的子孙他劳瘁地死！他死了，但是展开在我们眼前的不是灰暗，而是光辉。”

记得几年前，当读着周海婴《一张关露的照片》时，我是那样感动。这是一张六十多年前关露与她养女一起抱着一只小巴儿狗拍的照片。那时的她，在异常复杂的环境下准备作自我牺牲，她为了向许广平作告别留下了这一张合影。据回忆，“那时的她约略二十五岁，高挑的身材。烫发，面貌一般、谈吐和蔼可亲，看不出叱咤风云革命女士的外貌”。

从这般的回忆中，也许看不出她还是一位充满激情的诗人。对于关露的这张照片，丁言昭先生在《文汇读书周报》有文做了纠正。令人不无遗憾的是，关露这般的女中豪杰，存世之照，实在太少。

今日已经很少有人知晓，《十字街头》这部电影的插曲，出自于诗人关露的手笔。今天我想说的最能代表她的诗的成就的《太平洋上的歌声》，那本薄薄的诗集。

太平洋上的歌声

诗集1936年11月由生活书店出版。从时间上看，正是在她送走鲁迅以后的日子。不知鲁迅生前是否读过关露这些诗。这诗集虽收诗22首，可涉及面较广：有国际的战歌、有针砭时弊的讽刺诗、有对革命者的颂歌等。这些诗在当时中华民族生死存亡的关头，曾轰动一时。

《太平洋上的歌声》关露著，1936年11月生活书店初版

当我读完这部诗集，我发觉读关露的诗，一如读小说，它有情节，也好似读剧本，它大都用台词对话来完成。这部诗集的第一首长诗《太平洋上的歌声》，就是通过“聪明”的政治家，在那太平洋

上滔滔的海面，通过听歌来完成这首长诗的。整首长诗以立体的画面来展示。

讽刺，在诗人关露笔下，不是为了使人发笑而是为了使人发抖：“老百姓说：昨夜来了一队洋兵。/我们/没人抵抗！”（《失地》）。诗又是心灵的论断，是乱山中的一滴滴鲜血：“也许你是死了/在成千万的死者中/你死了/在尸横遍野的广场上/你死了/作为奴隶的/你，死了！”（《没有星光的夜》）

我读关露的诗，总觉得她绝对没有空话，更没有那滥调的无病呻吟。这源于关露本人的生活。“医院里告诉你/叫你把死了的人领去/叫你看了账目/把欠下的医金付齐/你知道/犯了医院的条规/上帝要惩罚你！”（《病院》）。读《赛金花像》一诗，似乎从字里行间读出了《罪与罚》。深刻：“看你的面目不曾想到/你竟为着红颜/流为浪女。/你虽来自民间，反为娼妓/你失去了妇人的贞节/卖了身体/但你不曾卖国荣身/学那朝廷的官吏。/误你的分明是你/年老的夫君——钦差大臣/别人偏要说你‘红颜薄命’。”

在《太平洋上的歌声》诗集里，关露有许多反映抗战时期的充满激情的诗，也是颇值我们一读的。特别是最后的那篇散文诗《悲剧之夜》，反映了上海的“一·二八”淞沪抗战，诗味和风格老辣，读后看不出是一个女诗人笔下之诗。我记得常任侠先生在《冰庐琐忆》一文中，回忆起关露1932年演夏衍编剧的《赛金花》的情境：“此剧完满结束之后，剧团邀我写剧评，与演员聚坐茶叙。隔座有呼余名者，音极稔熟。起而视之，颀长玉立，秀眉隆准。华服高履，体态盈盈，前所未见。就而相语，备极欢快，始知为寿华也。今易名为关露。”

关露，原名胡寿楣。她原籍河北延庆，出生于山西太原，1927年先后就读于上海政法学院、南京中央大学文学系。其实，关露还有一个名字，“初易名胡露，因与葫芦谐音，后改名关露”。

为什么关露常常改名？那是因为在抗日战争期间，为了人民的利益，关露奉命打入了敌伪的内部。她甚至不惜在当时之身败名裂，充当了“大东亚文化会议”的代表，1943年前往日本东京获取情报。她忍辱负重，牺牲了自己“左翼作家”的名誉。甚至连她的恋爱对象，也无从了解其真相，误认为其背叛了祖国而决然分手（从此她终身未婚）。而当时社会对她之误解就更深。今日来看，关露“应该是革命的功臣”。但我们的诗人新中国成立后“曾两次入狱及后来孤独凄凉的生活，使她含冤委屈地离开了我们”。

关露还写有自传体小说《新旧时代》，列为当时的《光明文艺丛书》之一出版。她原计划要写三部，而由于职业之变，完成了一部。

关露1982年12月5日病殁时，依然形影相吊，孑然一身，仅有一个她所喜爱的洋娃娃，陪伴在她的身旁。我想，诗人可以老去、死去，而诗却永远不会老去。不是吗？时隔了半个多世纪以后，关露所吟出的诗韵以及她的《太平洋上的歌声》，不还在被人吟诵吗？

鲁迅　1932年的事

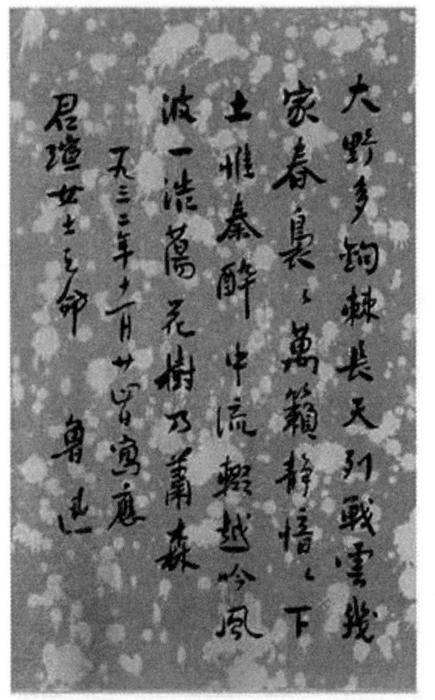

鲁迅书法手迹

我们不再受骗了

鲁迅曾为“左联”机关刊物《北斗》撰写过几篇文章，其中最重要且有巨大影响力的还是那篇《我们不再受骗了》。《北斗》是文艺月刊，由丁玲主编。1931年9月创刊，共出8期即停刊了。鲁迅此文最初发表于1932年5月20日，离它停刊，其实仅差两月。

鲁迅在这篇文中说：“帝国主义是一定要进攻苏联的。苏联愈弄得好，它们愈急于要进攻，因为它们愈要趋于灭亡。我们被帝国主义及其侍从们真是骗得长久了。”读过了这段话，七十多年后的今天，就是再不谙世事的人们，也已经看到了这真实的世界。当然，我们是绝不能用现在进步了的眼光，来回看过去的历史，因为，当年也许连上帝，也难以看清共产国际所演绎的那一团迷雾似的时代风云。谁也没有先知先觉能预测到当时的苏联，在经过了时间的筛洗后，终于在冷战结束之际崩溃了。当年，法国作家纪德去苏联，前后考察了两次，回法后，他把当时苏联的真相写成了《从苏联归来》一书，但马上招致苏联以及不明真相的亲苏人士的攻击，特别令纪德痛心的是，以“人道主义”著称的大作家罗曼·罗兰，也会对纪德施以那么激烈的攻击。（见《为我的〈从苏联归来〉答客难》）然而，时代的年轮和当时苏联真实的社会现状，却谁也不能抹杀或使之消亡。“历史就是历史，对已经发生的历史，既不能随心增删，更不能任意文饰。”（见陈四益《奇想》）那么1932年的苏联，究竟是怎么一种状况呢？据现已逐渐解密的资料，当时的苏联为了建设工业化强国，为了获取国外机器制造的设备，加紧国内粮食生产，加紧了石油的出口。也就是鲁迅在《我们不再受骗了》一文中说的：苏联“现在的事实怎样？小麦和煤油的输出，不是使世界吃惊了么？”是的，当时苏联的出口，确实使全世界吃惊！因当时“从1928年的出口不到100万公担，突猛增到1932年达到1810万公担，四年之内，提高了将近20倍。”（见曾彦修《天堂往事略》）这在20世纪30年代，确是举世皆惊的大举措，且是大手笔。但是，为了提高这样的出口生产的高效率，斯大林在国内采用了强制性的农村集体化运动。然而，广大农民对集体化，以及强制性的种粮，却无积极性可言。但为推行这一行动，斯大林却动用了国家政治保卫总局（克格勃）这一强权机构，对那些不愿意搞集体化的农民户主，实行了专制政体所惯用的大逮捕方式。他把被管理的农民，当成“制造反革命阴谋、意在阻挠社会主义胜利的阶级敌人”，作为反对当时集体化的敌人而消灭之。当时被消灭的，不仅是富农，还有那些反对集体化的农民，甚至贫民和一些常去教堂做礼拜的人。其实，这种不符合客观实际的运动化生产方式，在苏联的第一个五年计划（1928—1933）即全盘大集体化的那几年里，已显端倪。“将富农作为一个阶级消灭”（斯大林语）的行动方案，把那些富农给枪决了。至于富农以下的贫下中农如何？这时期在全苏统一实现运动化的生产方式下，他们也只能是“无异于罪犯或奴工服劳役”般地生活着。于是，1932年至1933年间，一场大饥荒，终于在苏联的大地上发生。

斯大林的推波助澜

对这场史无前例的大饥荒，斯大林的确起了推波助澜的作用。资料显示，在1933年饥荒时期，国家政治保卫总局（克格勃）执行了两项重要任务。一是由于当时乌克兰一带地区饥馑最为严重（现有资料显示，当时无重大自然灾害），故首先将饥饿中的乌克兰人，同外界隔绝起来，甚至不让外界往灾区运送粮食，而乌克兰人也不准离开居住地。所有的火车被克格勃占据着，没有特别通行证的人，就被赶下火车，甚至一些乌克兰的国家干部，也未能幸免。在那里人吃人的现象到处发生。有资料说，“仅30年代初乌克兰就饿死了700万人！”（见苍耳《切尔诺贝利：他依然没有撤离》，载2011年《随笔》第五期）当年，由于刑法中没有人吃人的惩罚条款，所有吃人的，就被交到克格勃手中，进行惩处。与此同时，克格勃执行的第二个任务，是严密封锁有关饥荒的消息，让饥荒中的人们在与外界密不透风的环境中生活。当然，如此惊天动地的大饥荒，真要全部把它掩饰起来，使外界一无所知，几乎是不太可能的，世上毕竟没有不透风的地方。人们透过层层铁幕，总还是隐隐约约地知道了一点大饥荒的消息。西方的一些刊物上，出现了关于苏联发生大饥荒的报道。

所以，鲁迅在《我们不再受骗了》一文中，也说到这个问题，他说：“因为苏联内是正在建设的途中，外是受着帝国主义的压迫，许多物品，当然不能充足。”以当时鲁迅的生活与世界之接触，我想，这些苏联讯息源应来自两方面，一是日本资料的传入，另是来自上海左联的通讯和瞿秋白的接触。但是，当时斯大林为了掩盖这一情况，就精心安排外国政要和一些记者前往参观访问。凡参观访问者的消费，均由苏联官方接待，宴会又特殊安排，旅途精心布置，给人的印象是一派欣欣向荣，确是正在走前人从未走过的工业化道路。一些装扮好了的“波将金的村庄”，在外国人还没到来之前，就已经安排得非常妥帖了。然而铁幕总要显马脚，现重读鲁迅的《我们不再受骗了》一文，就可见一斑：“新近我看见一本小册子，是说美国的财政有复兴的希望的，序上说，苏联的购领物品，必须排成长串，现在也无异于从前，仿佛他很为排成长串的人们抱不平，发慈悲一样。这一事，我是相信的。”当年的鲁迅，也因对苏联国内的真实情况不太了解，故发出了对苏联非常善意和理解的声音。

铁幕往往能欺瞒很多人的眼球，使人民陷于文化的孤立，对外界的真实情况，无从知晓。能明察秋毫的鲁迅也不例外。当时，连两任法国总理的爱德华·赫里欧，也被蒙在鼓里，他在乌克兰度过了五天后，也驳斥了资产阶级刊物“关于苏联发生了饥荒，提高工作时间的谎言”。另一个西方人贝尔纳尔·索伊也说：“我在俄罗斯没有看到一个吃不饱的人，不管是老是少。”当时的《纽约时报》驻莫斯科记者约尔特·杜兰金，还因为“对俄罗斯作出公正、坦诚的报道”，从而得到了“普利策”奖。他曾说道：“如今所有关于俄罗斯饥荒的报告，若非夸张，就是恶意宣传。”英国阿特里斯·悉德尼·维伯，也在1932年至1933年访问了苏联之后，得出了同样的结论。他认为个别地区“从事破坏的居民”造成了农作物的“歉收”……

回眸历史

写到这里，真使人想起了我们的河南作家张一弓，他的小说《犯人李铜钟的故事》，塑造了我国1961年后的大饥荒时期，为救乡亲，甘冒死罪，舍身打开紧锁的粮仓的这一基层干部形象。你看，当时，在苏联这样一片令世人瞩目的大好的形势下，的确很难怪我们的鲁迅先生也说出了如下的话："帝国主义和我们，除了它的奴才之外，哪一样利害不和我们正相反？我们的痈疽，是它们的宝贝，那么，它们的敌人，当然是我们的朋友了。它们自身正在崩溃下去，无法支持，为挽救自己的末运，便憎恶苏联的向上。谣诼，诅咒，怨恨，无所不至，没有效，终于只得准备动手去打了，一定要灭掉它才睡得着。但我们干什么呢？我们还会再被骗么？"那么，当时的苏联，在其他方面的情况又是如何呢？鲁迅在他文中曾说到的："文学家如绥拉菲摩维支、法捷耶夫、革拉特珂夫、绥甫林娜、唆罗诃夫等，不是西欧东亚，无不赞美他们的作品么？关于艺术的事我不大知道，但据乌曼斯基说，一九一九年中，在墨（莫）斯科的展览会就二十次，列宁格勒两次，则现在的旺盛，更是可想而知了。然而谣言家是极无耻而且巧妙的，一到事实证明了他的话是撒谎时，他就躲下，另外又来一批。"但据《苏联历史档案选编》，人们已经可以看到不少迫害文化人的材料。如"札米亚丁"，鲁迅编译的苏联短篇小说集《竖琴》里，收了他的一篇《洞窟》。在《竖琴》的后记里，鲁迅称它"是关于'冻'的一篇好作品"。至于这位作者，鲁迅在后记中这样告诉读者："现在已经被看作反动的作家，很少有发表作品的机会了。”实际情况远比不让他发表作品更要严重得多。现在我们可以看到解密的苏联档案，在1922年7月的一份《拟驱逐的知识分子人员名单》（档案号№：07315）中有这样一条：“札米亚丁·叶夫根尼·伊万诺维奇——已逮捕，驱逐推迟至有专门指示——捷尔任斯基同志的委员会，今年8月31日决定。”这样的秘密档案，当年鲁迅当然无从看到。（见朱正《重读鲁迅》）而札米亚丁，却已在1931年流亡国外。1937年3月10日，客死巴黎。鲁迅的一生，始终是自觉地站在穷人、弱者、被侮辱与被损害者的一边，这应该说是一种“同情弱势群体”的最优秀的品质。但由于当时受通讯条件所限，无法读到真实的资料，当然，更无法看到苏联的一些档案，加之整个共产国际大形势的背景下，鲁迅的确无法获知苏联国内真实的情况，但是，他毕竟曾被当年一个强大的斯大林专制政体所“忽悠”了。今日，距1932年5月20日鲁迅发表此文时，已有80年了；弹指一挥间，世界和中国，于此期间，发生了多么重大的变化，“斯大林”及“苏联”这个名词，也早成为历史。但是，今人若站在21世纪的视野看去，强大的忽悠者，实在是不应如此去蒙蔽人民大众的眼睛，特别是一个有血性的、被大家所热爱的中国文学家的眼睛的。当然，鲁迅思想的那种复杂性，无论从客体乃或主体论之，1932年的世界与苏联发生的一切，如若我们重新回眸这段历史，或多或少能为我们从不同的角度研究现代问题，提供些许线索。

陆文夫　一个作家与美食家的片谈

与陆文夫在苏州

一

苏州的带城河，日夜不停地向东流淌，“子在川上曰，逝者如斯夫”。此刻，这条古老的小川，也要停滞片刻的流淌，也会呜咽，悲泣起来，因为，常出现在它岸边的、一个眷恋这片土地的作家——陆文夫先生已离大家而远去了……说真的，我每一次去陆文夫家，最羡慕的就是他家楼房前那小园子的底边，当开启小铁栅门，便可走下石阶，去掬水，可看到一条条小鱼在游动，眺望那一泻而去、川流不息、碧悠悠的河水。

看这河水的流淌，永远使我梦萦于“乘一叶扁舟而去”的范蠡与西施的美妙传奇。可如今，陆先生走了，那传奇的梦，也似淡然了，那苏州的带城河，也因失去了岸边的主人，使这古老的故事命题，也黯然失色。

二

可如今留在我网上的书信，依稀还能重现那段时空里，这位小说家和美食家的生活轶事，似还鲜活地飘现在现实生活的三维空间中。现选录几则，以示对陆先生之不尽的思念。

2002年3月1日17：00信件：（看望陆文夫从苏州返回）

陆先生：您好！昨日五时回湖。我们又能在苏州相聚，在您女儿开办的饭店，品到许多美食，甚欢。您向我说起您的气喘病，从症状看，还不是很严重。乃是因为您的体型，以及长期伏案写作，加之您的吸烟史，已有几十年之久所致。我想，过冬末后，气候转暖会好转的。您说在服法国进口药，我之管见，此药有一定激素，不宜多服。其实此类药起作用的只是抗过敏和消炎而已。如从中医药学的角度看，还应标本兼治，既要治喘，又要温补肺肾。昨日我对你说的麻黄配四味中药，如煎汤服用，服一段时间，会有效果。不知您对煎服中药是否习惯？如您认为需要，可发来邮件。我会开方给您，而且价格便宜，没有副作用。进口药我认为不是最好，服长了也有副作用。不知你以为然否？

顺便，附上我最近写的《谈章克标》小文一篇，不作发表，只是嬉作记录而已。匆匆，祝阖家好！建智敬上

2002年3月2日10：21，我即收到陆文夫先生的来信。录之如下：

建智同志：您好！发来的信件及文章都已收到，文章写得很好，不知是否在其他处发表过，如未发表过，能否在《苏州杂志》上发表。望即告知，因为我正在编发第二期的稿件。承蒙关怀，请将药方开来，我试试。陆文夫

2002年3月2日17：12邮件主题：我的回信。

陆先生：您好！来信悉。《谈章克标》一文，未在他处发表，如您认为好，愿在您编的《苏州杂志》上刊出。谢谢您的关爱。现我尊你意，你来信愿试服中药。现开方如下：

炙麻黄15克　桂枝15克　厚朴12克　光杏仁12克（先服五帖），此方先服五帖后，告我情况，再给予加减调整。

另问，苏州中药店有否“鸬鹚涎丸”，如有可每次研冲

服用，一天两粒，效更佳，如没有也就算了。

随时与您联系。建智敬上于2002年3月2日。

（附注：拙作《谈章克标》一文，后刊于《苏州杂志》2002年第3期。）

2002年3月10日14：00 邮件如下：

陆先生：您好！上次电告及药方想早收阅。从时间算来，我开的五帖中药，想已服完了，情况如何？可告我一些自我感觉之症状，我再调整几味中药后，续服。请函电！

祝阖家好！建智敬上于2002年3月10日。

2002年3月17日21：35，我接陆文夫先生信，信件如下：

建智同志：您好！你开的药方我已服完，稍有改善，是否继续服用或有加减，请示。另外，近来上海南京流行一种电脑病毒，十分厉害，破坏硬盘，无法修复。病毒随电子邮件传播，建议你查一下，方法是：点击“开始”，打开对话框，点击“查找”再点击“文件或文件夹”，在框中输入要查找的病毒名sulfnbk.Exe如果找到，不能打开，要立即删除，同时清空废件箱。

陆文夫2002年3月17日

2002年3月18日14：00我即复信给他，如下：

陆先生：您好！电悉，知您喘咳有所改善，为你高兴。现把方剂加减调整后发上，方药如下：

炙麻黄18克　射干15克　五味子6克　细辛6克

紫菀12克　制半夏10克　款冬花12克　炙甘草6克（再服五帖）

来信时，请告以下几点：1. 每日是否有痰，一般是白痰还是黄痰？咳痰是否畅？2. 平时一般血压是多少？即告。这五帖中药，服后情况如何？也请告知。

您电告的病毒名，我已找到两个，已删除，谢谢！祝您健康、阖家好！建智敬上于2002年3月18日。

2002年3月19日10：51我接到陆文夫信件，如下：

建智同志：发来的药方收到，我平时有白痰，不太多。排痰也不太困难。血压没有问题，按年龄计算是标准的，从来如此。你这次的处方中，炙麻黄增加到18克，不知是否太多，上次15克时，药店里的人就有点不大敢配。你的意思是否因为15克能承受，在适应了的情况下再增加一点。你单位电话我有的，再请把你家的电话号码，告诉我，以便晚上能随时联系。

陆文夫2002年3月19日

2002年5月7日。邮件主题：我又接到陆文夫先生信件，如下：

建智同志，您好！五一长假又过去了，节日好吗？最近八帖药，又服完了。情况尚好。如果不爬楼梯，不做长距离的走动，基本上可以不喘。等到天晴之后，我想做一些户外的走动，逐步适应一些轻微的活动。你看药是否还要吃下去，或是暂停一个时期。

另，令嫒的作品《目击者》（是指我女儿写的一篇小说）我已读过，文字很好，她有写作能力，可以写出一些好作品。但是这篇小说，我认为题材不是太好的，倒不是文字上的问题，也不是技巧上的问题，她的文字功底和写作技巧，都是够用的。问题是这篇小说，受了一些当前社会新闻和电视剧的影响。两个年轻的大学生相互杀戮，用尽心机，好像不是女大学生干得出来的。不要受当今流行的电视剧之类的作品的影响，要写自己的生活和感受，要有自己的见解，文学不管千变万化，还是写真善美。写丑恶只是为了反衬而已。

也许，我所说的，还是一些老观点，供参考。

致礼，问阖家好！

陆文夫2002年5月7日

附注：五月长假后，喜获先生身体尚好，中药也即停服。他能做些户外活动，改善健康。我们电话常往，听了很是为他高兴。我电话中曾劝他冬天能尽可能去海南、深圳避寒，以防复发寒喘。

2003年8月20日。邮件主题：我收到陆文夫先生发来的信件。如下：

建智同志：来邮收到，你的文章已发八月第四期，勿念。我身体如常，天气闷热时感到呼吸不畅，历来如此。陈永昊调动工作定了没有？作协还是不去的好，我知道那里的情况。我不能走路，每月除了到编辑部去一次之外，哪里也不去。祝好！

陆文夫2003年8月20日

（附注：拙作《鬓霜初偿苏州梦》刊于2003年第4期《苏州杂志》。）

2004年5月9日。邮件主题：我接陆文夫先生来信，如下：

建智兄：大作与稿件都已收到，你写的《嘉业南浔》一书（江苏教育出版社2003年12月版）我仔细读后，感觉这本书写得很好。你发我的稿件，我已交编辑部，请放心。

我最近身体还可以，天气转暖后，人也舒服得很多。请勿念。祝好！

陆文夫2004年5月9日

（附注：拙作《两乡思隔悼钱老》一文，是写钱仲联先生的，后刊于2004年第4期《苏州杂志》。陆文夫先生信告“天气转暖后，人也舒服得很多”，闻后欣慰。）

2004年9月18日，我又接陆文夫来信，如下：

建智兄：久未致候，甚歉。谅一切安好。我也如常，今年至今没有发病，可算平安。创作基本上停止，只是管着《苏州杂志》的编务，也很麻烦，主要是提高质量不易，能静下心来，认认真真写文章的人不多。你以前来苏州时，似曾经告诉过我，说白桦的居住条件不太好，这倒是我没有想到的。现在，已经没有办法了，只有靠自己或者是靠儿女了。他好像有个儿子在美国，我也记不清楚了。现在看起来，还是江苏的作家条件好。

祝阖家好、大安！

陆文夫2004年9月18日

三

自从陆先生说身体好多了，后我们大家都忙，似少电话乃或邮信的往来。2004年的9月18日，陆文夫先生来信说“今年至今没有发病，可算平安”。他是如此几次告我的。我听了，真为他能在2004年这一年“竹报平安”而欣喜！……

时光，真如白驹过隙，365天，世人总感过得很快。因为“若问生涯原是梦”，所谓“人生是朝云”。好好的一个陆文夫，可2005年之7月，我突接到他夫人的电告，说“文夫竟然离我们而去了，……” 一年的时间里，竟然发生了这么的噩耗，真是想不到的事！一时真难以置信、难以接受！呵，人生苦短，难道陆先生，你真从你家后园的石驳岸口，那条带城河上“乘一叶扁舟而去”了吗？……一如春秋时的陶朱公，去到烟雾渺茫北太湖了？

“曲终过尽松陵路，回首烟波十四桥”——啊，陆先生，你一路走好，你安息吧！你走过的桥还在，你走过之路，还在我们脚下，而你留下的作品，将永在我们心中，而唯有你已带走之腹稿，却永远、永远，使这世界上的读者、粉丝，将永远难以读到。

陈乐民

千古文章未尽才

——读《在中西之间——自述与回忆》

陈乐民与资中筠在书房中（资中筠提供）

一

陈先生已离我们远去了六年。读他给我们留下的精神财富与启蒙思想，无不有“落红不是无情物，化作春泥更护花”之感。他在世时，总那么淡然低调，胸怀坦然磊落，对人厚道谐和，但其思想是那么深然。余生也晚，虽神交久矣，然识荆仅一回，但这并不减少我对他逝去的一份萦绕之念。提到陈乐民先生，也自然会和其夫人资中筠联系在一起，不少读者是因为读了资先生的书，才了解陈乐民先生。其实不然，对于我来说，则自改革开放后，提出“读书无禁区”，在1979年创办的《读书》杂志上，就邂逅了陈乐民先生的一篇篇妙文。

记得读陈先生文章并引起我的关注，是1991年2月，该刊有《难哉译事》一文，是谈法国学者谢和耐一部书的转译，陈先生“提醒学界朋友注意，凡涉及中国古文献的地方，务请查核原文，理解原文，以避免内容的缺失和文意的扭曲”。陈先生于20世纪50年代初，因国家需要，早在域外工作，令他在中西之间徜徉。三十多年过去，他卸去外事，终将从事译事和思索中西文化的研究，付之笔端，而这也使他一发而不可收。

1991年第10期《读书》有陈先生《中西之交　义理分殊：谈马勒伯朗士与“中国哲学”》一文，读罢感到他早已在研究中西之间的哲学理论。1992年第7期上，陈先生又发表了《茶烟香袅逗高歌：从潘光旦《铁螺山房诗草》想到的》一文，读后，无不使我更坚定了如斯的想法。

1994年，陈乐民先生，一下子发表了四篇很有分量的研究中西之间的文章，更显其厚积薄发。那是：1993年第1期的《坐视世界如恒沙：谈黄仁宇的“大历史”观念》，1993年第3期的《非作调人，稍通骑驿》，1993年第6期的《哲学家的足迹和沉思——超越道德的忧虑》，以及1993年第11期的《历史的观念：释“历史的长期合理性”》。这些用辛劳写成之文，均关乎中西之间价值伦理的系列思想，无不触动了刚刚开放十多年的整个读书界。似道出了中国改革开放十多年，中西观念于物质层面，遂在习惯与融通起来，但在精神层面，差距尚大，还时对峙与相悖着，如何有待理解和逾越，确是一个长期的动态问题。（这个所谓的动态，便是进三步退两步，后可能只进一步）但陈先生在这一时期的文章，以及以后的一系列的启蒙之文，是在让国人加快时间进程和缩短思想上的识见。

这期间，由东方出版社推出三套丛书，其中就有陈乐民先生的《“欧洲观念”的历史哲学》，陈先生似在着力阐释中西之间，长期以来存在的价值观与历史哲学观的差异。记得，当时张弓先生发表了《超越道德的忧虑》一文，作者说：“《读书》连续两期刊载鉴赏黄仁宇先生之历史观和历史方法的文章（陈乐民《坐视世界如恒沙》，1993年第1期；傅铿《超越道德批判》，第2期），足见作者之推崇及编辑者之青睐。”接着他认为，“令人担忧的是，黄先生这种超越文化土壤的历史观，可能给落后国家的现代化进程带来隐患。只要把资本主义大历史放入它的文化氛围中去考察，我们便不难发现，科学进步、技术革命和工业化，在造就西方文明的同时也使西方文化病入膏肓。如果人们对工业化必将带来的文化冲击毫无警觉，不发达国家一旦转入工业化的不可逆转的进程，文化的灾难恐怕就积重难返了。”

但是，事物其实正向着它的反面发展。离张弓先生发表此文，至今已有二十多年；现实状况，并非如此灾难深重，而我们面临的文化灾难，却源是于我们自己的文化痼疾所成。而陈乐民曾有《西方文明和世界历史》一文，他得出的结论是：“人类历史的发展必然是西方文明通向世界历史（现代化和全球化）”，又说，“‘世界历史’只能站在欧洲向外看，是欧洲经验走向世界”。我想，也许不经几十年，历史会自有规律，向这一方向慢慢发展。

尔后，陈乐民先生发表《寻孔颜乐处，所乐何事？》（《读书》1994年第1期）和《 理性·人性·文人》（《读书》1994年第11期），至1996年第3期他发表《法朗士的“企鹅岛”》，1996年第4期，又发表《行己有耻与文明意识》等文，似从一个侧面，回答了个人的精神层面，世界文明的进程，同时也阐释横隔于中西之间精神层面的不断碰撞的问题。

我粗粗统计，陈乐民先生从1990年至1998年，仅发表于《读书》上之文，约有30篇之多。虽说我与陈先生有一面之缘，但很长一段时间，却不知他是中西汇通的精英学者。他的文章，读来令人耐读，深入浅出，观点明实。这取决于他对中国文献功底之深厚，以及对欧洲文明理解的精确。

近读到毕飞宇先生一文说，他曾向陈先生说，你没有资中筠出名早，陈先生只是“嗯、嗯了几声”。我却以为不然，就我的阅读经历，读到陈乐民先生的文章，应该早于资先生。当然，他们俩一起写了文章，合著了书。如1990年，《读书》第7期载陈乐民、资中筠的《细哉文心：读宗璞〈南渡记〉》，1996年 辽宁教育出版社，推出的《学海岸边》（陈乐民　资中筠著）。诚然，他们俩之研究领域，术业专攻，有所不同。但无不可窥，在学术之路上，他们相互之间的影响、鼓励、奋进之痕，时可相见。

二

曾受人欢迎阅读的《万象》，翻阅一下，不难发现其创刊第1卷中的几期杂志，第2期，就有陈乐民一篇《王国维的“西学时期”》，接着第7期上又有他的《一个哲学家的“忏悔”》一文。资中筠先生在《万象》第2卷第1期上有《袁同礼：我国现代图书馆的先驱》。恰巧同一期上，也有陈乐民先生的《沙特尔访古》一文。

之后，陈乐民先生又在《万象》上发表了一系列的“启蒙札记”，读后，令我有非常深刻的印象。陈先生，可以说是当时少有的在中国知识界率先倡导“启蒙精神”的学者。2008年8月14日，已经是早在血透着的衰病之体，他还在为大众写启蒙札记，那时，他离世尚剩四月有余，不久就离别读者。他说“现在写‘启蒙札记’已经完成了二十四篇，还要继续写下去。也许直到‘那一刻’到来，怕也写不完”。真是“春蚕到死丝方尽，蜡炬成灰泪始干”。尽管，陈先生的著作，为普通读者知之甚少，陈先生绵密平和的文风，没资中筠先生明快犀利，广受青睐；但他在知识精英的读者心中，是一直保持有其独特位置的。写此，插些小话，虽时至今日，我一直是《读书》的订户，从第1期直至现在，家中已放不下一堆堆《读书》，几个专放此刊的书架，已无法堆上。前几年就曾想停订，但鉴于它的刊本合宜，总能在字里行间，读到些新知，不忍割舍。但我生性愚钝，陈先生的文章，以前总未能细细对照着阅读，昔今成为一件憾事。

近日，陈先生女儿陈丰，赠我三联版《陈乐民作品》几集，使我稍稍弥补了些憾事。当读毕第一集《在中西之间——自述与回忆》，始读波澜不惊，而至40页后，却坐卧不安。待篇篇读下去，倒有点儿似他评宗璞之文，清清的、淡淡的，没有时下颇为时兴的“火气”与雕琢，对有些事虽有些感慨，但字里行间不见动感情，不似知堂“吃苦茶”之味，也不像饮“淡茶”之平淡，倒有点像夏日里“冷开水泡茶”之味。一如陈先生自评“我素喜明代三袁和张宗子，习惯于含蓄的短文，不擅长飞扬激越，总想把结论留给读者”。（《忆旧知》第281页）所以李慎之曾对陈乐民说：“你的文章太短、太含蓄，也就是我这样的人能看得出你的‘微言大义’，一般谁看得出！”

其实，作为文字，金克木就曾说过，小时作文只恨写不长，到老来写文又怕写不短。他曾说：“同样的内容，写短比写长更难。所谓‘要言不烦’实在不易。”

陈先生的《在中西之间——自述与回忆》，书分三辑，辑一为“在中西之间”；辑二，是“忆旧知”，辑三，“给没有收信人的信”。第一辑，主要是讲述了陈先生的出身、求学、上大学，出国分配在“世和”（即后来的对外友协）工作，结婚，尔后进入欧洲研究所做学术研究。“忆旧知”这一辑中，有回忆他的领导、同事，有讲与周恩来、董乐山、张芝联、范用、宗璞等人的故交，但我认为他对李一氓、李慎之两位之交谊，最为心得，两李也是他最敬佩的人物；两李之作风人格、思想学识，让陈先生永志难忘。如在忆李一氓，晚年李有《岁暮》一诗，他为之看重，不妨录之：西风彻夜不成眠，一梦迷离断欲连。旧事稍嫌频入梦，何如新梦逐时添。这里用了三个“梦”字，此诗，也从侧面反映了陈乐民前辈一代知识者之心境，也只能以一个梦字了得。而对也属陈先生前辈的李慎之，陈先生却借用陆游祭朱熹诗，可谓反映了这一代人的未竟之业：路修齿髦，神往形留；公殁不亡，尚其来飨！这是对李公毕生思想向往的肯定，也说明这一代人的奋往之路，为之沉吟，其路漫漫。

三

《在中西之间——自述与回忆》，我们从中可读出，由50年代成长起来的知识精英，他们的一生是怎么崎岖地走过来的。反映出了他们一代学人，不如意的命运。如若陈先生还活着，他们一代的知识精英，如时代允许，或可接上前一辈的探求之路，做出代不乏人的学术成就。然而，他们的一代，同样生不逢时，如20世纪五六十年代，大量的精力，耗散在不断的运动，整风反右、下乡开会，直至“文化大革”。尔后，好不容易能坐下书桌，做点学问，但如陈先生自述所说：“每每有一种‘时不再来’的紧迫感。觉得五十岁以前的二三十年‘浪费’了相当多的光阴，老老实实地做了许多无益之事，二三十年几乎没有‘自我’。”他又说，“‘半百’虽然还不能称‘老’，然而真要有所作为，确是晚了些。这责任在谁，似乎是我这一类人的命运，该当如此吧！”“这一类人的命运”，是否应换成“这一时代的命运”，几十年白白浪费，于“假、大、空”中度日，谁之责，谁怨谁，讲得再远一些“谁之罪”，人人如此，真可是道不明说不清的一个话题。如陈乐民先生一代人，从清华园走出来，原有自己的学术建构，想一步一步走去。然“人生不满百”，岁月不饶人，元气已大伤，如陈先生直到患病至逝，还在做，尚无一日停息，别无他法，只能认“命该如此”了。但我想，陈先生如若能假以天年十数年，他起步很早的学术建构，有中西汇通的根蒂，想定能做得有声有色。

这是实话，无可奈何，到如今，落花流水已去矣。这是一个时代之命运，同时也是一代人的命运。我想，对他们一代知识分子，走过的一生，总有一种谁也看不清的感觉。当然，他们一代，有大起大落之人，运动不断，人生苦难，同时不断。但陈先生作为文化友好的使者，在国外工作，没有经历大不幸，只是不停地忙碌着工作，60年来，曾经沧海，风雨如磐，虽具士人风骨，家国情怀，可虚耗时日太多，终于大时代历史之中“劳心慘兮，道阻且长”，在一个个不断的漩涡下，沉沉浮浮，可谓叹谓的一代。但仔细想想，至少超越了老舍、傅雷、陈梦家等一代学人的悲剧命运。但陈先生晚年，心绪万端，时感力不从心，未尽其才万事休。

但时代与历史在发展，他懂得要改变“生命是闹着玩的，事事显出如此”的现状。所以，到了晚年，他是这样总结的：“自我识字之童年起，数十年于兹，除去没有自觉性的少年和稍涉世事的青年时期，即从1949年算起的三十年间可引为幸者一，可引为鉴者一，足这今后法者亦一也。”

虽然，陈先生说的是读书心得，但若结合他的一生视之，亦是离不开他生活的时代。所以，幸、鉴、法，其实就代表了他的平生之经历和事业。也可了解他一生命运的走向，也可作为经验，他心中期盼的一切，只能让后来者所鉴了。

通览此书，是陈先生于中西之间，无论在生活上、思想上的一个总结，也反映出他对于一个民族至深的热爱。但陈先生热爱的一切，是一个必须启蒙，必顺世界潮流而动，必有价值与理性的追求，他一生孜孜以求，便闪耀着这一光芒的真理。他说："我经过几十年的反复思考，只弄明白了一个简而明的道理：我挚爱的祖国多么需要一种彻底的启蒙精神。"

这是他"站在东方看西方"给我们留下的一个可贵的思想和正确的思维方法。陈先生，青少年起就相信"仁义礼智信，德谟克拉西"是中西合璧的最理想的道德境界。也是他在中西之间的大智慧。当然，其路漫远，那是另外一回事。但我认为可喜的：陈先生研究的欧洲文明，包括精神文化、制度文化、物质文化等诸多领域上，可谓殚精竭虑，已为学界开了个好头。而"二战"后，以"欧洲中心论"的视角，也遂转向了以美国为首的西方文明。如何从文化的源头，追溯、研究"西方文明"之变化、发展、特征，这将是我们从陈乐民先生手中接过的、继可持续开拓研究的一个领域。这也是东西方世界碰撞与转型，必然面临的问题。

我想，这自将有后继者开臻辟莽，上下求索，前已有了陈先生，开了先路，一如鲁迅所说，走的人多了，自然便成了路。这民族复兴之路，深信将会有许多年轻学人，接过启蒙之帆，去完成陈先生的未竟之业。

舒芜　却想当年似隔生

与舒芜先生在他北京的家

一

读舒芜先生一文《暗暗的死与他人的歌》（病榻杂感），文虽不长，但读后甚感。一场重病后，他说："今年自秋至冬三个月，接连住了三个医院。起初是作为抢救病人被送北大三院的，一进去就住抢救室，马上发出'病危通知书'，性命危在旦夕，总算救了过来。脱离险境后，又转了两个医院才回家静养。……"文末摘用了陶渊明的诗："向来相送人，各自还其家；亲戚或余悲，他人亦已歌；死去何所道，托体同山阿。"他在病危时刻，似对红尘与生死，做了最后的权衡。但于倾向还是在前者。

舒芜先生以陶诗之古旷达人，高旷襟怀欲打通古今心灵，深为佩感。这确也是舒先生阅尽人间沧桑、性命庶近旦夕时，于心灵里流出的一种真诚。于是，真让我看到了"人就像一根芦苇那样脆弱，但同时也略见一点生命的坚韧"。我从他女儿方竹所告，近几年里，舒先生每天除睡觉、吃饭外，几乎有十多小时，守在电脑上读屏写文，有奇文时，常与人分享共赏，其精神非常人可及。舒先生一生曲折坎坷，但重病后的他，终于不能在电脑上浏览天下，这于他是多么的寂寞啊。

他重病期间，想到了鲁迅小说《药》里夏瑜这个人物形象，又想到了陶潜的诗，但对两者人生态度之选择上，舒先生似倾向前者的意义和勇为。所以，那文的题目，他终究还是选择了《暗暗的死与他人的歌》。我想，这几十年世事，本来就渺茫曲折复杂，而他一生又历经了风风雨雨，（当然，他没有他的同伴们那样历经血泪斑斑、刀光剑影般酷烈的生活）但是，在病重时斟酌来去，终把"暗暗的死"那层意思放在了前面，不知是以示世人尚在走着的现实，抑或是洞察了自己心灵的那道久闭的闸门。当然，陶潜的“他人亦已歌”，也有其另一意思在，人世间一如陶公这样的人，能打得破这道生死红尘之关的，毕竟是微乎其微的另类。这在舒先生也承认。舒先生年轻时，从广西急于要赶赴京城闯天下，还不是为了在红尘之中走出一条道来吗？

二

读舒文，不禁使我也浮想联翩了一些时候，更使我想起了前年的2007年11月30日，我去北京，有机会去皂君庙73号院，拜访舒先生之情景。

那日，下午3时多，北京的冬天，天气已冷，熙攘的马路边，他家门口有一小传达室，绕过传达命室往左进入院内，只见有两幢小高层旧楼，（是人民文学出版社旧楼）踏上三楼靠右之6号门，就是舒芜家。当轻轻叩门，就有他女儿方竹出来开门，踏进门就是饭厅，再就是一间很小的客厅，上书“碧空楼”三字，连接客厅的就是书房。记得舒芜原居住的豆米胡同，那书斋兼卧室，叫“天问楼”，是程千帆先生为他题写的斋名。“天问楼”还曾有黄苗子先生为此作《天问楼图》，配有《浣溪沙》的词。自舒芜告别了“天问楼”后，斋名就改为“碧空楼”了。斋名依然是程千帆先生所题，醒目地挂在会客室白墙的上端。

当我们甫坐，方竹一边泡茶一边跟我们聊谈，舒先生正在电脑前操作，一时间还流连，也算是网迷。“你爸已80多岁，眼睛不感疲劳？”我问方竹。“我们也曾劝他减少些时间在电脑上，但爸就是喜欢在电脑上流连忘返！”女儿无奈道：“但我爸就是眼睛好，老盯着电脑，说没问题，不影响视力。”我暗想，每天有这么长时间用眼在电脑上，但不影响其视力，此乃一奇也。

我瞧沙发背后，正挂着一副小对联：“忽惊此日仍为客，却想当年似隔生。”那是台静农先生87岁时的手迹。台先生以此高龄，为舒先生撰此联，字迹清秀一派欧体，可能缘以他们是老乡，都是安徽人。也许，彼此的交情，尚有一段故事，不足为外人道，当不便多问。

舒先生终于离开电脑，慢慢向我们走来，坐在我们斜对面的沙发上，只见他穿着一条好似江南织锦缎之类的长长的睡袍，左手捏着一双小琉璃球在悠悠转动，大概常在练着，以灵活手指的活动。瞧着他细而敏锐的眼神里，于老年慈祥中，透射出咄咄之神情。开始我们还谈不出好话题，毕竟我们不是记者访谈，只是聊家常、谈书话而已。后突兀里想起他那本《哀妇人》的书来。这缘起于书中写序的周筱赟先生，他是葛剑雄先生的学生，几年前由葛介绍在我处收集资料做博士论文。序中讲到由于周之促动，舒先生才有了写《哀妇人》的兴趣。话题从这里也就慢慢说开了。

作者在舒无家中

尔后，我问起汪静之先生在人民文学出版社与聂绀弩关系有些纠葛之事。舒说，他也听到此说，但他认为1954年汪与聂之不和，与事实不符。他说聂先生为人随和，不太会与什么人发生不必要的矛盾。所以他认为“因与聂不合，停发工资”之类的事，纯是瞎三话四。汪后去中国作协，乃是因汪本身是诗人之故。

当我问及他与贾植芳之间的关系，以及“贾拒绝与他见面”之说法，他不避讳，就即回道，“那事实是，那次贾到北京后，主动找过我，那日，请客的人也不只我一个，有绿原、牛汉。我们三个人一起做东。”当他说完这些话，倒使我想起舒先生曾为此种说法，特写过一篇文章澄清。

对舒芜先生，于1954年发生的事，人们有各种如何如何之说法多多，毕竟那年代离我们远些，虽留下些历史个案，不难查找，但时有隔靴搔痒之感；其纷繁复杂，不属于同代的人，如入迷宫似的奥妙。生为晚辈，虽有些好奇留在了心里。但我倒愿读些舒芜的作品，特别是他对古典文学以及古代诗词之研究，有精到的见解，文笔简洁扼要。

那日下午，北京天气虽冷但好，缕缕温馨的秋阳，时斜射在他的座榻上。那刻，舒先生谈兴甚浓。同时，无意间他谈开了旧尘往事。

“1954年那事，开始时我根本没有什么压力，只是《人民日报》命题我写一篇《胡风的宗派主义》一文，我在文中引用了胡风给我信中的部分内容，文章写好后，记者叶瑶说要把信借去核对一下。我当时认为记者要看一下原信，也属正常的事。而那时，确也想不到这样的事，以后，会走得那么远。”舒先生说的话，似也说远了。“当时叶瑶拿到信后，也没意识到那么严重，后袁水拍看到了，觉得很重要，就送到林默涵那里去了。林默涵后来又找到我，我才知道信已经到了他手里。林默涵认为我写的文章不用发表了。说人家要看胡风说什么。当时，林默涵是中宣部文艺局长，但林还留有余地地说：“当然，不是说胡风是反革命，但胡风真的是很反动。你就把这个写出来，再加上简单的注解。啊，后来，事情就越走越离谱了……”

台静龙为舒芜写的书法

接着他又说：“我有一事，至今还是弄不明白，当时周恩来看到《人民日报》发表的文章，似乎想阻止这事，往下发展的趋势，‘就是不要先存一个谁对谁错的问题，而是要文艺界都坐下来，平心静气地进行相互之间的交谈。’周说的话，后来才知道，所以，我对这件事，还是看不懂；其经过、缘由、发展，究竟是怎么一回事……”

三

当然，对谜一般的往事，如今谁也说不清，因它早已成为一段供人研究的历史。联系那段历史与现实，总见仁见智，难以定论。当然，“定论使人贫乏”。之后，舒先生又谈起周氏兄弟的作品，这是舒先生喜欢的话题。我在他家看到橱中最多的书，是周作人的作品集，也读了他写的许多有关周氏的作品。谈着谈着，时间差不多已是六点多了，我们看到他女儿方竹，已在前面饭厅放好了碗筷，在候他吃晚饭了。我们就与舒芜先生一起走到小小的饭店，握手分别。

分手时，他从架上抽出一册旧著《书与现实》（三联书店2006年版）签名赠与，书签为“2007年11月，舒芜于北京”。

那次相别，时间仅二年，如今，舒先生不再在电脑前了。他已远离纷繁复杂的是非而驾鹤西行。那些个说不清道不明，那些难以诉说之情之事，那理解难、不理解也难的历史，我想，这一切都只能让后人各自去评说。反正，历史不会就此停步，它总在不以人的意志为转移而默默地进行着。舒芜先生走了，伴随着他的历史时代，也终将结束。

郑超麟　中国最后一个“托派”

作者和郑超麟

一

一阵历史之风雨，一团历史的迷雾，一如幽灵在神州大地上徘徊。一个年近百岁的跨世纪老人——郑超麟先生，以其顽强之生命力和传奇般的生涯，超越了自己，亦超越了历史，终于从那风雨、那迷雾般的生活中走了出来。

也许，人们已遗忘了他，也许，正规的党史人物传上，还未写进他的名字。但是，电视上播放的大型文献纪录片《周恩来》《邓小平》，却使我们在电视荧屏上，看到了这个作为本世纪历史见证人的郑超麟还健在。他在纪录片上出现了三次：第一次是“原中国留法学生”，第二次是“原中共中央机关工作人员”，第三次是“原上海市政协委员”。我撰此文时，他刚过了97岁的生日。不久前，我和郑老通过电话，他声音洪亮，在电话中很自信地对我说：“我有心脏病，有些胃病，其余均好，我还能活过三年……”我屈指一算，他生于1901年4月15日（农历二月七日），那便是说，他要跨过世纪，亲眼看到21世纪那一天的到来。

自罗章龙老人逝世后，郑超麟老人便是健在者中，最早加入中国共产党的一位。他于1919年11月4日和全国各地200多个青年学生，乘法国邮船“保罗·列嘉”号离开上海，经香港赴法勤工俭学。并参与创建“少年共产党”（后成为中国共产党旅欧支部），那时他从老家福建漳平县城离开。在法国巴黎住了一星期后，30几个福建学生就由华法教育会送往圣日耳曼就读。作为中国共产党在法国的旅欧支部成员，那时郑超麟就和周恩来、李维汉、陈延年、蔡和森、向警予、王若飞、李富春等著名共产党人生活在法国。他还和邓小平（当年叫邓希贤）一起因生活困难，在法国哈金森工厂做工，晚上同睡一个木棚。郑超麟和赵世炎、周恩来等18人成立“中国少年共产党”的时间是1922年6月18日。他们还办了油印机关刊物《少年》。由于邓小平与郑超麟在欧洲和中央机关工作的交往，邓小平女儿邓榕，在《我的父亲邓小平》中，有三次详细记载了访问郑老的情况。郑超麟在法国的生活，使他从中国孔子道统思想到达民主主义思想，这中间确是经过了一番剧烈的内心斗争。于此，原在福建家塾中学的那些旧学与新学之观念，突兀地在他脑海中发生了激烈的碰撞，而《新青年》中一些思想观点、新的理念，从他去法国留学时，似乎在他所乘的海轮上的每个角落，慢慢发酵起来，使这位少年对这些新的东西，产生了浓厚兴趣；那些字里行间的每一句话，像磁铁一样深深吸引着他，接受了另一种新的思想后，甚或使他起到摧陷廓清，振聋发聩，使其身心犹转入了另一个新的世界。

那时，梁启超也在巴黎，正搜集资料，准备写他的《欧游心影录》。国内几个杂志除《新青年》外，梁漱溟发表了《东西文化及其哲学》。郑超麟对两梁持不同看法。他说自己是“读《哲学史大纲》时把当时由封建社会到资产阶级社会之间的一些理论问题解决了”。而他对当时国际、国内的历史动态走向，有他自己一套独特的想法。他认为：“中国之所以没有稳固的资产阶级意德沃洛基（意识形态），正是因为中国没有资本主义发展前途。中国资本主义发展如此之晚，已经来不及赶上前进的国家，如俄国和日本资产阶级所做的。俄国无产阶级已经夺得了政权，其他前进国家已经将无产阶级专政问题，提到议事日程上来；而中国还在开始

‘近代化’！无产阶级迅速发展及在国际兄弟辈援助下，决不容许资产阶级走完前进国家资产阶级所走的道路。”

当然，郑那时还不知，作为陈独秀，其政治热情，正值高涨时期，他不但办刊，也常去散发传单，就在郑准备去法国留学前的6月11日，陈独秀在北京新世界游艺场，一次散发传单时，却被北洋政府所拘捕。其实，中国的“五四”运动，以及以后发生的一切反封建运动，不无与当时1917年俄国的二月革命，和之后所经历的十月革命（11月7日），有一定的影响。至少，当时这些对于全球都有震撼力的资产阶级民主革命，以及紧接着发生的由列宁和托洛茨基领导的社会主义革命。对当时的中国青年，有极大的思想上的影响。“而‘五四’的民主口号，很快被陈独秀等人引向了是‘无产阶级民主’，还是‘资产阶阶级民主’的理论纠争。”

1922年11月间陈独秀、刘仁静代表从长期封建社会基石上建立起来的初生的中国共产党代表团，参加了第三国际在莫斯科召开的第四次代表大会。会后，陈独秀要旅欧同志，去莫斯科东方大学学习。当然是学习苏联的革命经验。

1923年3月18日，郑超麟和周恩来、赵世炎、陈延年、陈乔年、王若飞、尹宽等12人去莫斯科。这也就是中共历史上有名的12个人，他们从法国资产阶级国家到了莫斯科的无产阶级国家来取经和学习，可以说，去莫斯科的学习，是郑超麟另一种人生的开始。

二

1923年郑超麟在“东大”学习生活。由于来自不同的环境，以及各自文化修养，及社会（封建社会）带来的烙印，就产生了不间断的内部斗争。郑超麟概括了这方面的历史，冷静分析。他回忆说：“这些斗争，从整个方面看来，并非纯属私人无聊的斗争，也不是共产主义和无政府主义思想的斗争，而是当时学生中两种类型的斗争。一种是敏感的、活泼的、聪明的、多方面的、好高骛远的、爱自由的、反抗权威的，但不坚定、性格柔软、倾向于空谈。另一类则是顽强的、沉着的、果敢的，但迟钝、狭窄、知识短浅、崇拜威权，容易屈服于威权……论文化程度，失败者要比胜利者更高些。”

当时的“东方劳动者共产主义大学”，又名“斯大林大学”，是1921年4月间创办的，主要是为了教育旧俄帝国境内高加索，西伯利亚一带诸落后民族的劳动者之用，正如另有一个“西方劳动者共产主义大学”是为了教育帝国西境立陶宛、列多尼亚诸民族的劳动者之用一般。旧俄帝国境外的东方学生，如中国、日本、朝鲜、蒙古、印度、波斯、土耳其等学生，在里面究竟占据少数。这些外国学生中有许多是为了参加巴库“东方民族会议”，彼得格拉“远东民族会议”，而来俄国的，其中有第三国际大会的代表。

当然，在“莫大”这群中国派来的学生之中，也有反对派，那就是蒋光赤和抱朴。这是另一类型的学生残留下来的两个人物。这两个人情调和其他的人如此不配称，是一眼看得出来的。如大家都住在脱维斯卡耶街第十五号，唯有这两个人，住在广场旁边那个女修道院里。他们聪明、活泼，与那些湖南人不同，与那些浙江人也不同。蒋光赤（1901—1931），是安徽人，抱朴是江苏无锡人。蒋光赤是唯一的诗人，抱朴是唯一的世界语者，二人俄语都说得好，俄文都学得好，能直接与俄国人交涉，无须罗觉为代表。每逢开会，他们都有意避不到会。大家见面时谈几句笑话，此外就不谈了。几个月之后抱朴就回国，到了海参崴写信来反对他们，连带着也反对共产主义。但他未写信来时，“旅莫支部”已决议开除他的党籍了，罪名之一就是他暗中鼓动两个“红胡子”反对负责人。而蒋光赤于次年回国前一次会议上，也把他的反对派面目显露出来，说谁是忠实的党员，须待回国内看工作表现。回国后，从郑的回忆中看，蒋光赤并不是好党员。他起初还在做党内工作，后来就离开了党，去做文学家了，——虽然是“革命文学家”。

至1924年暑假，郑超麟结束了“旅莫支部”的生活奉命回国，他和陈延年同返上海。在苏联，他曾目睹列宁的逝世，参加过列宁的葬礼；亦见过红场阅兵台上斯大林等要人；他聆听过托洛茨基、布哈林、卢那查斯基、季诺维也夫和日本老社会主义者片山潜等人的演说；他认识共产国际派到中国的代表人物维经斯基、鲁易、罗明纳兹、米夫，以及第一次国共合作时期，派到中国来的曾权重一时的鲍罗廷。

阅读郑超麟老人的著述，总有一种历史的真实感，他冷静回顾、评述“旅欧支部”与“旅莫支部”，当年青年学生之间的摩擦和斗争，70年后，于我们中国政治生涯中，那份历史与现实之意义，依然存在。

三

1924年秋天，“五卅”前后，郑超麟在上海党中央编

《向导》，蔡和森是《向导》周报总编辑，他那时接触的有陈独秀、瞿秋白、蔡和森、李立三、张太雷。在党内流行了70多年的左、中、右三派的源流，根据郑超麟的亲身经历，亦于此开始。当时把国民党分为三派，即：反对共产党的人属于右派，赞成《向导》主张的人属于左派，二者之间是中派。

1925年1月21日，即列宁逝世一周年纪念日，中共召开了四大，列宁逝世后，苏联党内不同主张的问题，亦直接影响了中共。四大最后通过的主席团成员是：陈独秀、张国焘、蔡和森、瞿秋白、彭述之。此五人各有特点，各有资历：陈是辛亥革命战士，中共历届总书记；张是五四运动北大学生领袖；蔡是旅法勤工俭学最早的马克思主义者；瞿是五四新文化运动积极参加者；彭是当时国际派来的同志。四大提出了“反托”态度。郑超麟是参加会议的记录者。中国由于受苏联党内斯大林和托洛茨基内部斗争的影响，四大后，于中国有了“托派”这个名词。

这是列宁逝世一周年后苏联党内斗争的历史性产物。托洛茨基是何许人也？可参看由国际文化出版公司1996年2月版的《托洛茨基自传》。特别读“译者前言”便基本有所认识了。

郑超麟先生在《邓小平》电视纪录片上第二次出现，是大革命时期武汉中共中央宣传部秘书，湖北省委宣传部长。中央迁回上海后继编中共党刊《向导》及《布尔什维克》。在这文中，我想引摘一点，作为历史见证人郑超麟，对一些问题的个人见地与看法。

陈独秀同五四运动的战友，如胡适、钱玄同、刘复、周氏兄弟等分手后，就走到社会主义来，其有许多合作者，但在发展阶段中，有一个人始终没有同陈独秀分离——那就是“李大钊”。

陈独秀不是理论家……在理论方面，他远逊于列宁和托洛茨基。他有敏锐的触觉，事情看得深刻，看得远。

我想，如果没有第三国际外来的干涉，中国共产党在他领导下决不会有大争论以致分裂。中国共产党历来的争论，都同国际代表有关系。

北伐的计划，本是鲍罗廷向国民党提出的，总之是俄国政府的主张。陈独秀对北伐持不同看法。

北伐胜利，姑不论对于中国无产阶级和共产党是有利，还是有害，但有一件事是确实无疑的，即上面说的，“中央的倾向”也因此被“国际”的倾向压倒了……陈独秀的威权开始衰落……

直至“八七”会议：

陈独秀是中央委员，但不被邀请来参加中央会议——这一点，未曾有人解释过，可作为历史疑点。

郑超麟，当时是代表湖北省委参加“八七”会议的。会议是在汉口俄租界一个西式公寓里召开的。

郑超麟个人婚姻，由王若飞做媒介绍与云南昆明人刘静贞相识，那是1927年12月24日，第二年清明节前后结为伉俪，结婚后9年，才生下儿子，取名郑弗来，德语“自由”的谐音。但孩子7岁便患肺结核去世。刘静贞和郑超麟婚后，一起经历了生活的各种动荡和苦难，并一起三次被捕。第一次妻子因严重肺炎提前保释；第二次，妻子被关了一个多月后被宣布释放，但她却在狱中苦苦等了6年；第三次，妻子被关了5年获释。

但是，郑超麟在狱中被关了20多年之久，妻子为他奔走了20多年。直到1979年，郑老完全获得自由，他们一起迁入政府给的新楼才几个月，这位等了他几十年鬓发斑白的妻子，却因心脏病而去世了，这么长而艰辛的磨难和痛苦，郑老在“全家福”三人合影上写了一首《摸鱼儿》的词，可见其凄楚之心情。

词是这样写的：

记当年双栖梁燕，一雏初展毛羽。甘泉烽火频惊夜，四野茫茫烟雾，愁几许！但双翦差池，未改原风度。雏儿颖悟，便一笑一颦，一言一动，总有可人处。天何意？嫩蕊先凋霜露，柔枝早折风雨。呻吟宛转三年近，泪眼无言漫注。终莫补！似清液流星，一闪随尘土。韶华易误，况比翼分飞，故巢久破，追想更凄楚。

1929年，郑超麟参加陈独秀的“托洛茨基派”组织（即“中国共产党左派反对派”），并被开除出党。参加“托派”前后，曾三次被捕，累计被监禁时间长达34年。直至1979年完全恢复自由，任上海市政协委员。

他参加“托派”的根本原因，是反对“斯大林式的社会主义”。1990年5月1日，郑超麟先生在他的一篇未发表的

《九十自述》一文中写道："70年前，当我20岁左右时候，各国的社会党和社会民主党纷纷改名为共产党（自然也有一部分未改名）；去年以至今年，我们则看到相反的过程，各国共产党纷纷改名为社会党和社会民主党（自然也有一部分未改）。70年前发生了一种过程，今天70年后则发生相反的过程。这表示什么？一般人说，这表示：社会主义的破产。不，这不是表示社会主义的破产，这不过表示斯大林主义的破产……"

郑超麟是早期共产党内的"才子"。有旧学功底并精通英、法、德、俄四国文字，还通世界语。案头翻译落笔成章，还研究"语法学""音韵学"，并长于诗词。在监狱中写下了几百首诗词，但在"文化大革命"中被焚烧。恢复自由后，根据回忆写成了《玉伊残集》（已出版），还在最近出版了《郑超麟回忆录》及《怀旧集》，还有他于近日赠我的一本未出版的《漳平文史资料》，由他撰写的《髫龄杂忆》，以及由三联书店再版的由他用笔名"绮纹"翻译的《诸神复活》（上、下两册）。

郑超麟先生，是近百岁老人，一生坎坷，政治、经济、生活上种种磨难与痛苦，他用顽强的生命力挺过来了，晚年他视力几乎降到失明，看书写字需摘去眼镜。鼻头、睫毛几乎贴在纸上，凭着感觉歪歪扭扭地写字、写信。有时上行写到下行，下行重复到上行。现今，只能用放大镜放大写字。每次给我的信，我总要花上两三小时，才能读通信中句子文字。他在给我的一封信中说自己的苦衷："我今年已将近一百岁了，双目失明，我用放大镜写字，写的字连自己都看不清，但没有办法，找不到人替我抄信，希望你能看懂我的信，请勿介意。”

他生活清苦，俭朴。1984年政府将其侄孙女郑晓芳的户口从福建迁入上海，如今郑晓芳一边工作一边照料爷爷。郑超麟先生如今只有一个嗜好，天天要喝咖啡，他电话中对我说：“我喝红茶，还要加咖啡，不喝的话，没有精神！”他如今生活在上海普陀区的靠近内环线的一个新村里，两间房，其中一间是卧室兼书房，斗室中挤排满插着中外各类书籍。

许多人都去看望过他。陈独秀的孙女、孙子也去他那里看望了他。郑超麟先生认为：陈独秀是最早敢于反对共产国际瞎指挥的中共领导人，他非常赞同今年5月25日—27日在上海开了“陈独秀研讨会”，他跟我说，会上有两句话：“中国问题要中国人自己去考虑解决，外国人不懂得中国问题。”还有一句是：“中国问题，中国人能够判断，能够解决！”

郑老虽已近百岁，但今年4月25日给我的一封信上，他对历史规律还是既坚信，又信心百倍，他说：“常言道，‘恶到头终有报’，可我不相信，又常言‘历史是公正的’，我也不相信！但我服从‘唯物史观’！即历史有一定的客观规律，就算一时偏离了规律，也会最后走上正路的。其‘偏离’本身也有一定规律可循！”

多么意味深长的话，出自近一百岁的老人肺腑之言。郑老确已超越了自己，亦超越了历史，且真正从“历史的风雨中走出来了”！

何满子　从《五杂侃》说起

一

那日，我打开一个网站，里面有何满子先生的灵殿，只见堂中挂着他一帧照片，一介书生儒雅，戴着一副黑边的眼镜正斜视着人间，朴素端庄清净，一如王荆公诗中所写“回首北城无限思，日酣川净野云高。”之意境。我想，如今何先生再不必去面对长达五六十年之久、风雨交加的人间世象了，他终可去了“川净野云”的另一个世界！于是，我在他灵殿，按佛教礼仪，燃起三支馨香，先右、再左、终中祭拜了他，让他安息后飞驰到天上人间。

我初识何老，是在他的一统楼，但最早读他的书，是王春瑜先生介绍的。当年，成都出版社出版《当代名家杂文系列》，内有马识途、黄裳、邵燕祥等人的作品，其中何先生的一本叫《五杂侃》，令我读得津津有味。何先生自己说，此书是于1989年至1992年之间，陆续写下的随笔。而其中《纳凉侃戏》是在1989年夏写成，试想在这敏感时间里，写下如《曹操的脸谱》《董卓戏》等篇什，无不更具特定的时代性和他的现实意义。那时，何老正准备撰一本《汉末清议人物剪影》，之后，我看到2007年5月由花城出版社出版了《中古文人风采》一书，也正是撰写汉末的人物的。

他说董卓正是一个凶神恶煞的人物，在当时乱哄哄的天下，干了许多乱杀无辜之事，给历史投下了短暂的血腥味的阴影。何先生从董卓这个历史人物写到了另一组《读笔记杂侃》。如《朱元璋徳“偶语”》《朱元璋对文人的仇视情结》《明人张居正结交大监》等。这些短小杂文，既有史实又充满作者一颗正义感的灵魂，读后在当时确给了我不小的心灵震撼。因为，诚如何先生自述："一个人有议论，包括读历史，都不能不和下笔时的环境有关，有时甚至是为某一现象乃至某种听到的言谈所直接激发，这种因缘响应当然不是读者所全能领会。"（《五杂侃》前记）

二

正是有了何先生对读者的坦诚相告，我从此对何著，就格外留意他的言外之意，总寻觅着他给读者的那份"因缘响应"。的确，自1989年后，何先生的每一篇文章，让我充分领略了杂文的价值。因为，何老写于20年之中的所有文字，距今虽20年悄然过去，但至今读来都没有过时，那是因为我们于民主与科学的践行上，依然徘徊甚或起步缓缓。鉴此，何先生的文章，就更有了历史与现实的意义。

何先生一生坎坷，历经磨难，但这丝毫不销蚀他的任何敢说真话的精神，乃是因为鲁迅精神始终于他心灵燃烧，犹如不灭的民魂圣火。他曾说："对我影响最大的第一人是鲁迅，我们是在鲁迅的哺育下长大的。"（《何满子、易之：《一些文学问题的对话》，《文学自由谈》2005年第4期）他认为"鲁迅是民族精神的首席代表和中国文化的第一伟人"。可以说何先生于灾难中的精神支柱，始终是鲁迅的人格与气质，他的杂文创作的最高标志，也是高山仰止的鲁迅思想。

记得他曾经写过多篇杂文，反对文学的低俗化，反对庸俗地吹捧低俗文学，主张坚持、发扬鲁迅开创的"五四"新文学的光辉传统。他坚持认为文学要有高尚的旨趣，要给人以美感和愉悦，而不能仅仅满足一部分人的趣味所趋。

写到此，使我想起这近来的十多年中，何老曾多次著文坚决反对文化界掀起的“周作人热”“张爱玲热”。对时下的“张热”他还给多个文友写信，呼吁共同抵制，著文批判。（见《送别何满子》，“王春瑜博客”）对于何先生那种执着的精神，当时我想，何先生在感情上是否有恨铁不成钢的偏激，甚或由于太受中国传统文化和鲁迅的影响之故；对此我阅读了许多与他有不同看法的文字，也审时度势观察了改革开放后出现于中国社会的各种现状。思考的结果是：对于中国文坛现阶段，一波又一波地掀起犹恐不及之时尚热现象，其强度与浓度，于世界上也属少见；而时显烘炒的文化热潮，乃或烘炒着一个个走马灯式的各式人物；而且那种被时尚和被利益所扭曲的文状，那种浮躁、急功近利、自我感觉特别良好的千姿百态，无不令人作呕、令人悲哀。

三

如果，以此一思，这种种怪现象，虽有受“时代的影响，历史有时身不由己”。（林毓生《认识五四、认同五四——迟到的纪念》）但是，我认为何满子先生的激愤，不是没有道理，极应引起人们的再思考。因唯有对我们民族的长远发展，有忧患意识，并有正确之引导，我们才能让众多读者较为冷静地去读好作品，以及去邂逅最优秀的作家；我们才不至于被强势意识所造成的扭曲的反扑所左右，甚或愚弄。这兴许是何老承继鲁迅精神的重要思想，更是出于他内心最强烈的一种呼唤。何老之见，虽有异议，但多么值得我们尊重。我想，何老的一些思想，那一份民族国魂的责任之感，随着时间的再推移，将会更显其真知灼见。

的确，如今我们不乏书读，据统计我们是出版物排行大国，可好书少，滥书多，套话空话之书多，精言实语之书少。所以，发现好书，重新阅读，已成为迫在眉睫之时。

当我读何先生90万字的三卷本学术文集时，就更有了这般的感觉。其内容广泛、精致，所及中外历史、文学、心理学、民俗学，以及若干产生过重要影响的近现代文学思潮、哲学、心理学流派等等。而且何先生每为一文，总显出其思想之深刻、观点之独到、治学之谨严。他对西方从远古时代、希腊时期、中古时期乃至近现代的史实、典故，无不信手拈来。他出版的学术著作和其他各类著作，近50部，确给后人留下了丰富的思想与学术遗产。

今日，何老虽匆匆离我们而去，但他留于人间的书，却让我们读不尽读不完，并永可让我们沉思，那是因为书中所言，给了我们道德的热情和理性的力量。

一声“何满子”，双泪落君前。我终泪痕依依地告别了何满子先生。何老艰辛地走过了90年，真不容易，他的生平事业，已有多人写出，我只是一鳞半爪地写些感触。满子先生仙逝，于今已近三月，怀念之情，深萦于心，今从春瑜先生电告中获悉，将出何满子先生纪念集，即写小文，以寄哀思。

沈家本　清末一位法律改革家

这是沈家本逝世后，为举行公祭绘制的遗像。这幅遗像是根据沈家本“遗影不着官服”的遗言绘制的便服像。上方是陈宝琛先生题写的沈家本遗像诗。

沈家本四世孙沈厚鋆提供照片，沈厚铎撰文

我的乡前辈，近一千万字的《沈家本全集》（中国政法大学出版社，2010版），已出版闻世，因是法学家业内之书，关注者甚少。同时，在沈家本故里，即建沈家本（1840—1913）纪念馆；这是为后世缅怀清末法学家、“中国法制现代化之父”，一件极有意义的事。而今想来，从沈家本辞世，百年岁月，飘然而逝；但他改革中国法律之思想，惠及后人，且正沿着他的足迹，继续向深度发展。今年，是沈家本诞辰170周年，他在天之灵，也可慰矣。

一

著名法学家黄静嘉先生，曾在《沈家本——我国法制现代化之父》一文中说到：“回顾清末修订法律之故实，笔者认为真是历史的‘幸运’，当时，能推出沈家本这样的人选出来，成就为我国法制之现代化奠基之勋业。沈氏诚为斯职之不二理想人选，微沈氏，当时修律之绩效，可能大为减

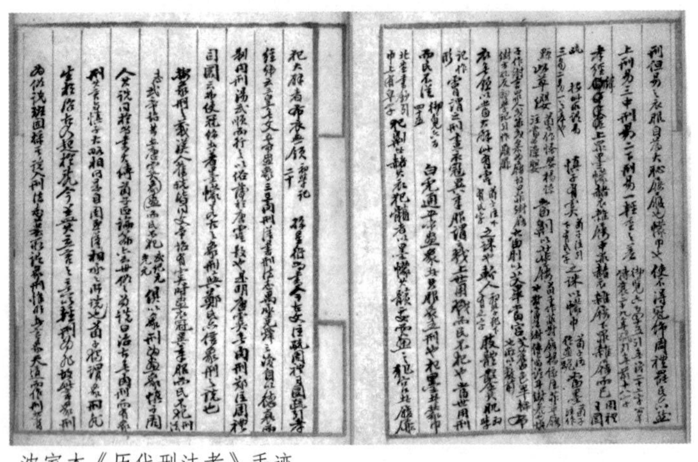

沈家本《历代刑法考》手迹

色，我国法制现代化之途径，可能更为曲折。”（见李贵连《沈家本年谱长编》序）诚者斯言，在这样的历史拐点上，在江南水乡，养育出了中国近代法律革改第一人，确是历史的幸运。黄先生认为，在近代法制史上，能担纲此重任者，唯沈家本不可。若推出其他人选，晚清的修律可大为减色，改革的前途就更曲折。

读了这段话，晚清之际，建立现代法制社会，已刻不容缓。沈家本在历史上的出现，若于中国法制史视野，确到了“天降大任于斯人也”的时刻。这不禁令人想起一段话：“帮有道则知，帮无道则愚。其知可及也，其愚不可及也。”从中国两千年法律思想的变迁，以沈家本从人本主义出发修订新律，其目的是使国家有道，由愚变知。因为，法律的正义与善恶，抑或法律不再是“人们头上斧头的统治”，确是评定一个民族与国家优劣的基石。时至清末，在落后、愚昧、腐败的气象下，如何实践中西法汇通，制订新律，“深究其政治之得失”，（见《寄簃文存》）已时不我待。所以，沈家本到了60多岁后，急呼唤出：“我法之不善者当去之，当去而不去，是为之悖；彼法之善者当取之，当取而不取，是为之愚。”他向清廷提出“举全国之精神，胥贯注于法律之内”，才能使国家强盛。此足见沈氏思想的高瞻远瞩。

当时，以张之洞为首的礼教派，时眷恋着封建秩序，沉溺于“中体西用”；沈无不奋身而起，予以强烈驳斥。1904年2月，日俄战争爆发，俄国战败，时传立宪政体战胜专制政体。清朝内要求立宪的舆论，也日益高涨，驻外公使和地方督抚，也纷纷奏请，仿效日本及欧美政治，实行君主立宪。

清末为自救、自强、自改革，于1905年至1906年，派出以镇国公载泽为首的五大臣出洋考察。为改革政体，以考察各国政体、宪法为中心。晚清似乎有了立宪的决心。载泽、端方考察回国后，被召见时，力陈“中国不立宪之害及立宪之利”，并一连上了好几份奏折，详加阐述。其中《奏请宣布立宪密折》《请定国是以安大计折》，历数宪政三利：一曰“皇位永固”，二曰“外患较轻”，三曰“内乱可弭”。慈禧令各王公大臣将奏折传阅讨论，结果公议立宪有利，应该实行，但在时限缓急上，却各有分歧。其时，沈家本与伍廷芳等人，为晚清之革新法律，急于1904年，向清政府提交了在传统法基础上，吸收了当时先进国家成果的《刑事民事诉讼法》和《新刑律草案》。提出禁止刑讯，削减死罪条款，改进死刑执行方式，废除有关奴婢条款，统一满汉法律待遇等等。但是，这样的改革，终究触犯满族贵族集团，那根深蒂固的利益链。虽然清政府在预备立宪以后，又推出了改革官制、颁布宪法大纲、设立咨议局和资政院等一系列措施。

沈家本的修律，首先受到隅抗的，却来自于力荐他出任修律大臣的张之洞。这位于清末政坛名重一时、洋务派的代表人物，也算是改革派阵营中的大臣，但对沈家本的修律，却持强烈反对态度，这，确使沈家本陷于两难境地。难怪当年，李鸿章曾说：中国是一座梁衰栋朽的老房子，而一些试度变革的人，都是“裱糊匠”。也确如此，在衰朽的老房子里做改革，又不去充当裱糊匠，其难可知。可见清王朝的腐败专制统治，已像一座基础腐烂快要倒塌的房屋，一时不可救药。

二

于是，神州大地上，一场作为“思想大激战”的“礼法之争”，就此拉开帷幕。

西学东渐以来，西方法律文化的优越，使中国传统法制的残暴、野蛮暴露无遗。沈家本的法学思想，并非仅囿于中国传统法律学。他曾精研欧美及日本等各国的法典、法律思想和新的学说。他一直期望着倾其所学，通过修律来救助危难中的国家和民族。若按照以沈家本为首的法理派的看法，修律的方向，就是向欧美看齐，用西方流行的法理来指导中国的修律工作。当时，伍廷芳提出，日本已经走过的法制改革之路，就是中国应该照着走的法制改革之路。沈家本虽然没有受过完整而系统的西方教育，却持有与伍廷芳相似的法律改革观。在沈家本看来，中国法律的西方化，乃是不容抗拒的。因而，修订法律，就必以“模范列强为宗旨”，当然并非全弃中国传统法之精华。 但张之洞不认可这种看法。1907年9月3日，他向清廷提交了一份《遵旨核议新编刑事民事诉讼法折》，认为新法“有碍难通行之处”， 他认为：“立法固贵因时，而经国必正本，值此环球交通之世，从前旧法自不能不量加变易，东西各国政法可采者亦多取其长，补我所短，揆时度势，诚不可缓。然必须将中国民情风俗、法令源流，通筹熟计，然后量为变通。”因此，“今日修改法律自应博采东西诸国法律，详加参酌，从速厘定，而仍求合于国家政教大纲，方为妥善办法”。在张之洞看来，沈家本所修订的新的诉讼法，违反了以“三纲五常”为核心的中国礼教纲纪，动摇了中国文明的根本，必须予以驳斥。张之洞所谓学习西法，承认西法精良，成效显著。但他认为学习的前提是“中学为体”，中法的原则不能动，“西学为用”，即西法的基本原则不能学；西法要求实行民权，人民有民主、自由、平等的权利，张之洞却认为，中国现时民智未开，不可谈民权，特别是“三纲”不可变。这便是以张之洞为代表的礼教派，对于新法所持的态度。作为礼教派大臣的劳乃宣，对沈家本的这类伤筋动骨的改革，也持强烈排斥态度。他说：“风俗者，法律之母者，立法而不因其俗，其凿枘也必矣。中国，农桑之国也，故政治从家法；朔方，猎牧之国也，故政治从兵法；欧美，工商之国也，故政治从商法。若以中国家法政治治朔方，以朔方兵法政治治欧美，不待智者而知其不可行也。今欲以欧美之商法政治治中国，抑独可行之无弊乎？”其核心意思是，中国是农桑之国，其法律必从家法。也就是说，法律可以变，但纲常不能变。说穿了，就是一个人说了算的家长制不能变。此礼、法之争，其声音已不仅仅局限在宫廷内部，当时，晚清的新闻媒体，也将此场论争向世人和社会做了报道。如当年的《国闻报》（1910年2月2日头版）是这样记事的：“第一次新刑律草案，为京内外大员驳议后，法律馆又加修订。目前在宪政馆会议此事时，劳乃宣与沈家本意见大忤……”《大公报》也有相关报道。而《帝国日报》也有相应报道。如杨度于1910年12月5日的《帝国日报》上发表了题为《国家主义与家族主义之区别》文章。其实，此理论之据，早于1898年张之洞所撰《劝学篇》中，就阐述了这一观点：“夫不可变者，伦纪也，非法制也；圣道也，非器械也；心术也，非工艺也。”所以，他对沈家本修订新律，必遵循其“变法不变道”为其宗旨。于此，沈家本在这样的气势中，那夹缝中进行的改革，有的被驳回，有的被长期搁置。

然而，以沈家本、伍廷芳、杨度等法理派的观点，却坚为“变法也变道”。如，以“父子平等”取代“父为子纲”，以“夫妇分资”取代“夫为妻纲”，以西式的“个体主义”取代中式的“家族主义”等，这些观点，虽没有直言不讳地表达出来，但却已隐藏在他们向朝廷提交的“法律草案”以及“关于法律草案的说明”中了。其实，法理派当年也并未想打倒“三纲五常”。他们只是认为，在新的形势下，中国不得不按照西方的法理与法制，遂改造中国的法律；如果在无意之中触及到“三纲五常”，那是改革本身的逻辑导致的结果，因改革而必须支付一定的代价。

人说，沈家本是“封建官僚不封建”，这对于一个曾出身官宦之家、自幼熟读史书、受儒家正统文化影响至深的高官，确难能可贵。这场持续了近十年的礼法之争，其实质是围绕“‘刑以弼教’还是‘变法自强’”而展开。大致分两个阶段：从修改《大清律例》开始到《大清新刑律》（草案）告成为止，这一阶段的斗争，主要是围绕修律宗旨进行，是以潜在方式在进行。由于沈家本顺应当时清政府要自强自改革之际，而使修新律没有遇到大的阻碍。《大清新刑律》抛弃了旧律的结构形式，采用了近代西方刑法典的体例，将整部法典分为总则和分则两部分，并规定刑罚分为主刑和从刑两种。沈家本反对酷刑，废除肉刑，提倡慎刑，主张刑罚人道主义。他废除了凌迟、枭首、戮尸等酷刑，并参照西方国家法律在《大清新刑律》中引入了故意、过失、正当防卫等现代法学理论。《大清新刑律》标志着残酷的古代刑法的解体，以大陆法系为基础的现代刑法体系的开始形成。而从1908年至1911年沈家本去职为止，是他设计新法的第二阶段。此可分两个方面，第一是沈家本派同张之洞等的斗争，第二是沈家本同劳乃宣等与资政院议员的公开对垒。

三

持续了十年的“礼教”与“法理”之争，当然，最后，以沈家本的退让，暂告一段落。因无论从清政府对一系列改革的变化上，还是从沈家本力不所逮、宦海沉浮上，于宣统三年，在礼教派的弹劾下，沈家本被迫辞去了修订法律大臣和资政院副总裁的职务。他告别了官场，终于回到了位于金井胡同，他热爱的书房“枕碧楼”中著书立说。尽管他仍然担任着袁世凯政府的法部龙头，但年事已高，只是挂了一个法律顾问的虚名，基本上是在枕碧楼里研究法学，著书立说，度过了他人生中的最后岁月。

今天，当我们回眸百年前的礼教派与法理派之争，虽然观点对立，水火不容，但争论尚未全面而深入地展开，因张之洞也于1909年去世，双方的争论，也烟消云散。沈家本虽被迫退让，但“礼教”与“法理”之争，似未最后定局。应该说，在近代法制改革中，最后的胜利者还是时代的顺应者。若从中国近代法制史来看，这场斗争，实际上是维护了沈家本最后的修律成果。

因为，从光绪二十八年（1902）至宣统三年（1911），沈家本苦苦经营改革的十年，虽然不能按自己的意愿，充分地修律，但毕竟使新律吸收了资产阶级法律形式，建立了近代法体系，引进了资产阶级法律制度原则，删改了旧律中落后野蛮的内容。而从晚清最后的政治运作中，更可看到法理派符合民心与世界之潮流。

1908年11月光绪皇帝与慈禧太后相继去世。两宫遗诏，皆重申立宪进程，应该遵循以前的计划。1908年12月2日，宣统皇帝即位，载沣摄政。即有上谕："严饬内外臣工务在第九年内将各项筹备事宜一律办齐，届时即行颁布钦定宪法，并颁布召集议员之诏各等谕。"若据《九年筹备清单》，1909年2月17日，清政府发出上谕："本年各省均应咨议局选举及筹办各州县地方自治，设立自治研究所，选用公正明慎之员绅，一律依限成立。"10月，各省咨议局成立。11月，以溥伦及载泽为纂拟宪法大臣，陕甘总督升允因奏阻立宪而开缺。1909年下半年至1910年初，各省咨议局选出代表齐赴北京，请愿速开国会。1910年5月，请愿代表及一些商会代表，再次伏阙上书，请求速开国会。1910年10月，请愿代表联合北京各界人士，第三次上书请愿，至有剜肉血书者。各刊物报纸、各社会团体，也争相鼓吹开议院、定宪法，声势不可谓不小，又有各省督抚大半来电，奏请速开国会并设立责任内阁。而资政院第一次年会，于10月3日召开，按章程会期为三个月。请愿代表上书资政院，资政院代表大多来源于各省咨议局，自然引起同情与共鸣，遂决议上奏请速开国会。其时国内局势，已经极度动荡不安，革命渐有山雨欲来风满楼之势。直至1911年辛亥革命的成功。而沈家本由其修订之新律，终使中国的法律不再独立于世界之外，并成为其中的一员。同时，对于中国近代法律思想、法律制度的发展，直至对民国法律与法制的形成，都产生了深远的影响。

如今，一个世纪过去了，沈家本的一些思想和抱负，却留给了后人不尽的思考和借鉴。然而，不幸的是近百年来，每至历史拐点之时，人们似乎总处于一种两难的境地。如在现代的历次改革中，国情不符，时机不成熟，民智、人员素质差等，一直成为不思改革的理由。的确，有哪一项改革能不关乎风俗、民生、国情呢？马克思曾说过，一切已死的先辈们的传统，像梦魇一样纠缠着活人的头脑。中国近代历史上一些改革者的失败，也似乎早恰证了这一点，无疑是先知的一部活的历史。迄今，我们又面临创新与变革之际，一如走在了悬崖的独木桥上，又在艰辛踽踽而行。

想当年，已被坚船利炮被迫打开了国门的中国，在饱尝了内忧外患后，有见识的先进知识分子，总是极力主张变法图强。据此，我又联翩而至地想起了鲁迅，也恰在沈家本修律改革的那几年，他正写出了《斯巴达之魂》《摩罗诗力说》以及《科学史教篇》等文，鲁迅作为一名先进的知识分子，一向反对“中体西用”，反对那些“掣维新之衣，用蔽其自私之体”的假改革者。他一向反对“明于礼义，陋于见人心”的一如张之洞之类人物。鲁迅还认为，“诚若为今立计，所当稽求既往，相度方来，掊物质而张灵明，任个人而力排众数。”如此才能“外之既不后于世界之思潮，内之仍弗失固有之血脉……”

1913年，当沈家本离世时，鲁迅先生正到北京第二年，正是中华民国政府教育部的一名小官员。他们之间，一是法学家，一是文学家；虽隔了几代人，但我想，凡具革新的思想者，只要不蔽其自私之体，其灵犀总是相通的，他们总时与世界潮流相接壤。从沈家本到鲁迅直至今天，中国之法意，虽姗姗来迟，脚步虽沉重了些，但它仍向前迈进。

徐迟 词客哀时未返家

一

闻讯中国戏剧大师曹禺逝世，紧接着又传来中国诗人徐迟不幸逝世。对于曾对中国文坛有过贡献的人，相继去世，不禁悲痛。但对同是故乡人，又曾获毛泽东“诗言志”诗人桂冠之徐迟传来“因不幸”而离开人间，更具一种庄严又愕然的震动!

渐渐地一些有关老诗人之死的消息逐一传来。12月19日，李辉先生在《新民晚报》发了一篇《悲徐迟》之最迅疾的报道。他直截了当地说到了：“徐迟走了！以一种谁也意想不到的方式结束了自己的生命！”他那篇急说于北京之文稿，发在全国有几百万读者的《新民晚报》上，无疑犹如一潭池水中，抛下一块巨石，遂使几百万读者感到突然，此信息被传递，读者产生了越来越多的疑惑……

就在李辉报道发出的同时，作为徐迟先生故乡南浔镇同乡联络会，怀着乡情浓浓，遗愿不已，急派人员去武汉参加作为“家庭式”的遗体告别仪式。从武汉归来之人，对徐迟已进入年迈体弱之84岁这般高龄，最终采取了“难以令人相信”的方式来结束自己的生命，总不堪多谈，采取尽量回避的方式说起这件悲哀之事。

刚从武汉归来的人说，“徐迟感到才思枯竭，为写不出像他年轻时那般如潮水涌来之文章而痛苦，最终采取了结束自己的生命。”但当人在电话中，告诉他李辉之报道，已讲了许多谜语，想请他告知一下武汉之行的实情。他只说了：“家人均痛哭流涕，而告别仪式亦冷冷清清，当地领导、湖北省有关部门也没有什么要人前来参加。”我听了武汉归来之人不愿多谈的电话，不禁想起李清照的词：“冷冷清清，凄凄惨惨……”也许那场面抑或是不堪回首的了。进一步再问他，送花圈的“最高级别”是谁？答曰：“似乎有巴老送了一个花圈。”这可能是巴金老女儿之意思。因为，李辉在《悲徐迟》文中也写道：“就在一星期前，李小林（巴老女儿）与我在电话中谈及想请徐迟为《收获》开办一个专栏的设想。昨天晚上，我告诉她这个噩耗。她连声说遗憾，说如果早一点与徐迟商定，说不定他不会做出这样的选择！”巴金老送了花圈，从李辉之文，似乎是对开专栏迟不商定，巴老女儿有一遗憾，可能是一种遗憾之心的补偿。

二

12月21日，那日下午冬至后如早春一般晴朗温暖；由《文汇读书周报》曾登载访问记“雅人·雅人·雅事”之费在山老先生约了我和曾与徐迟共事多年的原浔中老校长林黎元先生（和徐迟同是84岁高龄）在赵孟頫故居“莲花庄”一边品茗一边聊谈，很自然的话题是谈徐迟之往事。两位老者各有说法：费在山老先生咬定徐迟之死因是：“对老年人，特别如徐迟先生这般年龄，进入黄昏恋，无疑是人生最后一个大失败，想在黄昏恋中寻求晚年之心灵平静，那不过是诗人罗曼蒂克的一种自欺欺人之幻想，当幻想一旦幻灭，只有两条路，一是遁入空门，二是自取早亡。而前一条路，于现实不合，亦难走，特别像徐迟先生，对世间名利未泯灭，不可能选择前者，那么，只能‘走捷径’，取后者之路结束自己的生命。”林老却另有说法：“我和徐迟在抗战后一起接管南浔中学，我是校长，他是教导主任，南浔解放前一年他却去了北京，我仍留在家乡苦撑着这个学校，后我经历了冤假错案，及‘文化大革命’之坎坷历程。而徐迟一直是撑着‘顺风船’的人，无多大坎坷，我犹如人间一颗石子，棱角都被磨平了；人世间之甜酸苦辣对我如一杯白开水，而徐迟不同，他生性浪漫，又是名人，讲体面，也许，目前之现状，他难以熬过，于是他选择了这条道路，这是条对子女、对亲友均不负责任的选择，抑或他选择一条他认为是‘凤凰涅槃’式的、轰轰烈烈的罗曼蒂克之路！”

被萧乾老所称赞为“一间门面的文化交流中心”的嘉兴秀州书局范笑我先生所编《秀州书局简讯》第52期（1996年12月28日）发了第一条直言不讳的讯音：“著名作家，83岁高龄的徐迟12月13日凌晨从武汉某医院的六楼跳下身亡。”可以说，从文字的记载来看，他是第一个把徐迟先生死亡真相，以白纸黑字记录下来的。不管人们私下里传说了徐迟跳楼坠落的事实！应该说范笑我的文字记载当属首记。当我写这篇文章时（1997年1月1日）还未见到任何用文字记载此真相。除非我孤陋寡闻。

也可算和徐迟同乡人的葛剑雄先生在电话中亦不无遗憾地谈起了徐迟，他又有另一番说法，他说：“没有读李辉文章前，新华社电讯中，明眼人一读就知道，因为用了‘不幸逝世’，‘不幸’乃已很少用了的字眼。上海华东师大年轻文学博士胡河清，于1994年4月某日，选择了在滂沱大雨和电闪雷鸣的时候跳楼自杀身亡，可他是30多岁的小青年，徐迟先生已80多岁高龄了，还像胡河清那样做了这种最后的选择，真不可思议。徐迟因写陈景润之《哥德巴赫猜想》的报告文学而闻名，其实，从科技界来看，显然把陈景润拔高了些，对‘哥德巴赫’这类数学探索，世界上已有几十位数学家在研探，陈景润最后也没有解决。徐迟晚年写了《江南小镇》，显然不是写小镇人的生活，而是写了他自己。有些章节与事实不符并在字里行间似乎拔高了自己的形象。《江南小镇》有726页，这么冗长而写他自己的书，没有市场，也不应题名为‘江南小镇’。作为一个专为抒发个人感情的作家而非学者，徐迟晚年，写作上已日显平庸，所以，他已经不可能写出有深度的作品了。这些，也在困扰着他的晚年心灵，使他苦恼，因为他毕竟是一个赶时潮浪儿的作家，再加之婚姻与家庭问题之缠绕，使他以这种不应选择的方式来结束自己的生命。”

葛剑雄先生电话中的话，使我想起王蒙在1996年11月份《读书》杂志上写的评当代作家的文章《感受昨天》。他谈到老作家孙犁：“也许我们这里不能忽视的是孙犁的例子，与那些年出尽风头或者触尽霉头的作家与作品相比，他是做到既能自保又不放弃自己的艺术追求的。……他从来不追风赶浪，从来没有大红大紫……许多年过去了，他的作品仍然栩栩如生，保持着远比旁人的应时之作更长久的生命力。”我想和孙犁对照，也许，徐迟先生从年轻时代直到晚年时光，都未能有孙犁这种宁静与睿智之心态。那么，亦可算徐迟老乡葛剑雄教授的一番话也属中肯之言。

三

已经编了八年《南浔通讯》之眭桂庆先生，他告诉了一些有关徐迟这几年回故乡所发生的近况：“1992年年底，徐迟携新婚夫人陈彬彬来故乡南浔，陈约55岁，中等身材，生得端庄且穿戴具有现代时尚的衣饰，她是四川大学中文系副教授，那时徐迟和她刚在深圳摆喜酒度蜜月后而回故乡的。在故乡行中，徐迟先生所到之处，总给乡友介绍：“这是彬彬，这是彬彬！”似乎喜上心来。那时徐迟已有81岁高龄了。

“后来约在1994年，徐迟又偕夫人陈彬彬回故乡一次。尔后逐渐听到在武汉工作同属乡友的丁先生说，那时徐迟夫妇仅为一点小事，就常拌嘴，争吵不休；那段时间徐迟常要带新婚夫人去深圳、香港，虽有人接待，但自己开销亦很大；徐迟虽有多年稿酬积蓄，但还要送小女儿去法国进修音乐，故也遭子女反对这类新婚，两者都要照顾，徐迟老了，力不从心矣！”

眭先生还在电话中告诉我：“徐迟先生与陈彬彬之黄昏恋约维系了一年零八个月，即分离了，这无疑对徐迟是一件不悦之事，对一个80多岁的老人，确是一个不小的冲击波。”最后他还在电话中做了一点小小的评价：“徐迟是诗人，50年前就较浪漫，心中的浪漫诗情时时会在他心头激起阵阵涟漪，但由于这近50年来，运动不断，政治气氛亦紧，就算你有歌德、贝多芬，抑或中国的郁达夫、徐志摩那份浪漫，在近半个世纪里，你想浪漫也浪漫不起来，而改革开放后，特别是1993年左右这段时间，中国人讲‘潇洒走一回’，于是，在那种政治气氛较宽松的情况下，徐迟那诗人浪漫之天性，有了一种土壤和气候可以复苏。但是，从传统走向现代，从稳定走向不稳定，徐迟先生还是太多眷恋着原配夫人陈松那份感情，那份贤妻良母式的温馨。当徐迟先生面对自己酿成的苦酒，并饮着自己酿成的这杯苦酒时，他确丢失了一个哲人说的‘人生真正的幸福和欢乐浸透在亲密无间的家庭关系中’。由于这份幸福的丢失，他最终选择了吕剑诗人为之叹息的话：‘他选择这条结束生命的道路，确是太残酷了，并且是使人难解的一种方式！’这位50年代曾和徐迟一起编《诗刊》的同仁也为之扼腕。

对于徐迟之死，曾在《江南》杂志发过徐迟《江南小镇》续编《在共和国最初的日子里》的《江南》杂志主编汪浙成先生在12月16日晚也在电话中对我谈了一点和上述几位先生的不同看法：“我刚去北京参加全国文代会期间，我正好在去北京飞机上就听说了徐迟不幸的事。当时我就感到很意外，后来在文代会上，湖北文联代表正好住在我们浙江代表的楼上。我在湖北文联代表那里证实了，是在12月12日晚上11点多，徐迟住院病房的护士去查房，一间旁边（两人一间）那位住院病人，怎么徐迟离开病房了？（因已经很晚了）那位病人说，他到阳台上去走走了；结果护士往阳台走去找他，根本不见徐迟在阳台，护士急起来了，就从阳台上往下瞧，徐迟已倒在楼下了。”

“别人说是黄昏恋的关系，但徐迟因在我主编《江南》杂志上刊发《续集》，通了几封信，每一次他来信，总要带上句：“彬彬向您问好！”如果是陈彬彬的关系，那么，徐迟先生为什么每一次给我来信，总要带上“彬彬向您问好呢”？我总感到，没有迹象表明是因为“黄昏恋”的原因而死亡。李辉说是“孤独感”，我说也不是主因，我听湖北文联同志跟我讲，在全湖北省，应该说对徐迟先生的照顾和关心已算最上等了。最早时，他要电脑，他们就送了一台电脑去，后来说这台电脑老化了，又送了一台新的电脑去。”《江南》主编汪浙成最后在电话中说：“我从徐迟给我的几封信中的言语，真看不出徐迟因为‘黄昏恋’或‘孤独感’而选择这种最后死的方式的。”

1997年1月3日，上海施蛰存老给友人的一封信中是这般写的：“徐迟是老友；他最早的诗，是我为他发表于我办的《现代》月刊上的，由此成名。解放后，特别是写了一篇《哥德巴赫猜想》（刊于《人民日报》），由此大名鼎鼎，然由此而自高自大，不认老朋友了。去年，回南浔时来我处，小坐即去，与他相对无言，我们已谈不拢了！”

“听说他续弦后，伉俪不合，闹了离婚，新夫人把他的钱都刮光了，以致郁郁不乐，终至自杀，恐亦当‘自负盈亏’了，怪谁呢？……”

嘉兴《秀州书局简讯》第53期（1997年1月20日）转载了米舒（曹正文）先生1月6日电话说：“冯亦代先生认为徐迟跳楼是狂躁症所致！”并转载了范泉先生1月11日从上海来信说：“……徐迟兄孩子徐津、徐延、徐建、徐音正向其父亲的朋友征稿，编成纪念集《送徐迟远行》（暂名），由上海书店出版社出版。”

与此同时，《浙江工人报》有一小文撰徐迟之死，尔后陆续由《文汇报》笔会刊发了周嘉俊和金克木等先生悼徐迟之文稿。

四

我想，对于徐迟之死，应该说“黄昏恋”“孤独感”之类的原因根本不太可能造成他这般已达84岁高龄的人会去跳楼的。至于施蛰存老的说法，亦不能苟同，金钱对徐迟那样高龄的人也不太那么重要了，徐迟先生决不会如伯夷、叔齐那般傻而会“饿死在首阳山”上的，至少他还保留一份退休工资在。

至于冯亦代先生说“是一种狂躁症”。也许徐迟是患有这类似“狂躁症”的病象。无论哪类病，在平时未发展到顽症、绝症时，总有一点迹象在平时会发生过。而在徐迟先生身上根本没有这类病症。从徐迟在《笔会》上最后一文《我与计算机》的字里行间，也看不出。这篇文章距他离世时最近，我们从这篇文章看，似乎倒使读者看到了徐迟先生从未有过的“大胆地说了一些真话”或“说了一些牢骚话”的文字。如谁有兴趣，确可查找《笔会》此文一读。

1997年1月22日李劼先生发表在《笔会》上的文章《山顶立和海底行》，此文也许正好可结束我这篇拙文的一点启示！李劼阐述了“从某种终极意义上说，人生具有本然的修炼意味，只是有的人意识到了，有的人没有意识到。但不管意识到的还是没有意识到的，人生总不外乎呈现为向上和向下这两种生命状态”。他列举了李白的“山顶立”。又列举了曾在“高处不胜寒”的苏东坡，并促使苏东坡意识到“高高山顶立并不完全意味着成功，也同样意味着孤独和寂寞”。李劼先生又列举了“海底行”的人生历程，如陶渊明的采菊东篱下是一种，李叔同的皈依佛门是一种，比起“山顶立”那样迎风展翅，“海底行”是低调的，默默无闻的。

李劼先生又列举了京郊香河有个老太太的例子，此老太太一生普普通通，有一颗平常心，走时（去世后）却留下一个真身！

我想，人总是喜向“高山行”的，但“高处往往不胜寒”，俗话说“水往低处流”，但人总以为“人如水般往下流”总感觉是没有出息！于是，大家说“做人真难！”

李劼先生与胡河清是同窗好友，不知胡河清先生选择是“山顶立”还是“海底行”呢？而徐迟抑或属哪类呢？

我想，此题也许所涉太深、太玄。“仁者乐山”“智者乐水”，人言各殊，人生也只能任由自己去选择了。

于1997年1月1日听雨斋

读徐迟抗战时期的诗

——徐迟96周年诞辰纪念

作为诗人的徐迟（1914—1996），离开我们已有14个年头了，他是乡前辈，今年10月15日，是他96周年生辰。与他初识迄今近30年。他的诗作、译作、报告文学集以及自传体《江南小镇》，还插架我书橱显眼处，时可翻阅。想起那年正值全国文代会期间，他忽离我们而去，心中扼腕，其一生犹如一部未完成之杰作，永可读之，引我绵绵的思念。特别是，在他钟情的江南小镇一走，真有“欲折一枝寄相忆，隔江残笛雨潇潇”之意，那梦魂萦绕之感油然而生。他的《哥德巴赫猜想》闻名于世，如今，人们只知他是一个报告文学家，其实，他还是一个纯粹的诗人。

最近，《海上文学百家文库》出版，作为编辑之一的陈子善教授，说道："我们这一次编选，把各种风格、倾向和流派，基本上都兼顾了。具体到作家个人，比如徐迟，他在1949年后写了很多报告文学，影响不小，但是他在三四十年代，其实是'新感觉派'诗人。"这话评说中肯。徐迟，于20世纪30年代中期登上中国文坛，那时他只有20岁，发表了意象派的诗，出版过意识流小说，也写过许多动人的情歌，是以戴望舒、施蛰存为首的"现代派"中的一员。若以1939年为界，徐迟早期诗作，受西方现代派文学影响，作品重意象，诗味朦胧幽邃；如他的《二十岁人》诗集中，就有"都会的满月"一诗："写着罗马字的/I II III IV V VI VII VIII IX X XI XII/代表的十二个星绕着一圈齿轮"，记得那诗最富诗意的几句是："短针一样的人/长针一样的影子/偶或望一望都会的满月的表面。"又如《我及其他》一诗，"我，日益扩大了/我的风景/我！倒立在你虹色彩圈的IRIS上，/我是倒了过来的我。"这些诗句，主要"去暗示事物而不是清楚地陈述他们"（见威尔逊《阿克儿的城堡》），足见其充溢着意象派的风格。

但是，随着卢沟桥的枪声，抗日救亡的呐喊，使诗人从迷茫中惊醒，血与火的战争，使他迅速走出自我。当时的徐迟，作为一个青年诗人，于1938年5月，挈妇携雏，离开故土南浔， 离开孤岛上海，来到香港。在香港，徐迟遇到了他追求光明与进步的引路人乔冠华。在乔冠华、袁水拍、郁风等人的帮助下， 他又在1940年初冬，来到陪都重庆。

近日，我整理书箧，无意间翻出了由孙望、常任侠编选的《现代中国诗选》，那是一本竖排的诗集，小32开本，暗红色的封面，书装平常简洁。此集于1943年7月，由当时的南方印书馆出版。翻开目录，就有徐迟的二首长诗《中国的故乡》和《前方有了一个大胜利》。以我所见新诗史料，从抗战爆发至1949年，似只有孙望、常任侠所选《现代中国诗选》和孙望编的《战前中国新诗选》。收在这册《现代中国诗选》中的诗人，有艾青、袁水拍、厂民、常任侠、李广田、力扬、贾芝、邹荻帆、彭燕郊、冀方、贾子豪、汪铭竹等。当时，正值中国抗战最艰苦最激烈之时，这册厚302页的《现代中国诗选》，用的是黄色土纸，字迹已漫漶不清，

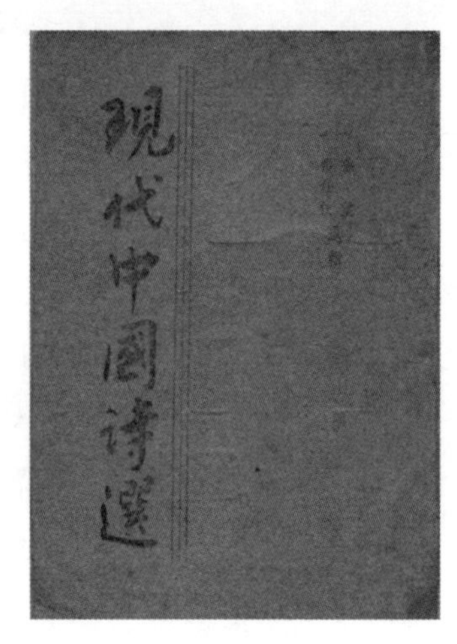

恕我寡闻，出版社用这样的纸，印出书来，似属少见。由于当时全面抗战，物流被日军封锁，陪都重庆，时作为大后方，足见其物质之匮乏。

诗集由常任侠先生写了前言，他说，“这里我选取了三十六个人的诗，有如三十六枝芬芳的花朵。虽然各有各的颜色，各有各的姿态，但都是美好的，可爱的。因为用着争取自由平等而流的血，去浇溉培育的产品，所以显得那么灿烂，那么壮健鲜明。一个新的社会，所需要的正是这样的艺术，用这样的装饰，才能使新中国的土地，充实健康，用这样的声音，才能歌唱出新中国人民热烈跃进的精神。我们新

诗人的行列是绵长的众多的，产生的作品也是丰富的，这里只采撷这一点点，送给前进斗争的兄弟们，并为胜利祝福。”

时过70年后的读者，今日重读，履痕着时代的烙印。如今，对诗人徐迟，我们只知他抗战时，写了《在前方——不朽的一夜》《太湖游击队》等诗文，但对于《中国的故乡》和《前方有了一个大胜利》这两首长诗，所知甚少。其实，那时诗人的脚步，从兰州、酒泉，到陕北，到天水，一路风尘仆仆地走来，其足迹直插苏俄边界。经过这几年的磨砺和锻炼，诗人徐迟，成了一个心向共产党的左翼文化人。

徐迟在《中国的故乡》一诗中，起头就说：“黄帝的子孙：/我们还记得吗？/你们知道吗？/中国的故乡在哪里？/中国的故乡在西北/我们的故乡/文化的故乡/在秦陇盆地/在陕西和甘肃。”诗人又说，“黄帝的子孙要回去，回到文化的摇篮，回去中国的故乡。”因为，抗战的大后方，那时在西北；且那里资源丰富，可谓城头底下有城，枕头底下有金。诗人希望投奔大后方的人，不要过多怀有江南的乡愁，他用满腔的热血，讴歌大后方美丽的大自然，颂扬了西北的牧场、羊群、煤、铁、石油等丰富的矿藏。诗人用细腻的笔触，描绘了一幅幅“塞北江南”的图画，呼唤众志成城，以御敌人，并取得最后的胜利。诗人呼出：“我们抗战的根据地在哪儿？/在西北，在中国的故乡。/我们的反攻条件在哪儿？/在西北，在中国的故乡。/我们胜利的基础在哪儿？/在西北，在中国的故乡。”

《前方有了一个大胜利》，也是一首长诗，徐迟抒道：“前方有了一个空前的大胜利，/后方有一个慰劳团派出来了。/……士兵们一堆一堆从战壕里出来，/……后方的大城市，/为这次胜利出了号外。”虽然这诗，在今日读来有些口号化，但在当时战争年代，却带有强大的鼓动力：如，“一片青云飘过来/在关隘上一坐/锣鼓大声笑了/她们跳出最后胜利的大舞蹈/到那一天，四万万五千万人/都疯狂地，这样地、这样地跳动着。”徐迟的这两首长诗，读来感人肺腑，让人重温了当年的抗战风云。

徐迟，17岁开始写诗，18岁在《燕大月刊》上发表处女作《开演之前》，22岁出版了第一本集子《二十岁人》。诗人彭燕郊曾回忆了与徐迟在重庆和北京时的交往：“后来我也到了重庆，重庆的几个诗人，徐迟、王亚平、臧云远、柳倩请我吃饭。徐迟还约我去咖啡店聊天。后来我到北京开会，他跟我住一个招待所，两个人就聊了很多，聊得很好。徐迟是一个知识非常全面的诗人，很了不起。诗写得好，散文写得好，翻译也很好，他译的书不是普通的书，几十万字的《巴马修道院》是他最先译出来的，《托尔斯泰传》，英国人莫德写的，最权威的传记，是他和另外一个人合译的，都是大部头的东西。他还非常懂音乐，年轻的时候，就出过两本关于音乐的书。”

在重庆，有一次，在周恩来参加的晚会上，徐迟，当时仅是一个28岁的诗人，激情满怀地朗诵了自己的诗作：《持久、冷静、坚强》。这是一首关于坚持抗战的诗。那是1942年的12月7日，中华全国文艺界抗敌协会举行茶话会，当时，茅盾、冰心、巴金、安娥、袁水拍等都参加了。这年的夏天，徐迟又来到歌乐山大天池附近一个名叫蒙子树的村落里，他闭门谢客，又作为一个学者，专心致志地撰写诗歌论著《诗的诞生》，完成后，他还打算翻译一部大书——荷马史诗《伊利亚特》。这段时间，徐迟用“史纲”为笔名，发表了许多诗作。

今晚，窗外月色溶溶，明媚之月光，爬上我电脑的书桌上来，当我读着这册土黄纸印的《现代中国诗选》，不禁又想起我与徐迟的初识，那是20世纪80年代初，他正和妻子陈松，暂住南浔小莲庄，我去看他，夫妇迎面而来，在他卧室小坐片刻，便带我往嘉业堂藏书楼旁的小河边散步，记得边走边谈的还是诗，虽然那时他已很少写诗。但从文人气质上讲，虽步入耄耋之年，可徐迟还是一个很现代的诗人，且是一个完美的追求者。正如同为诗人的邵燕祥所评：“徐迟是一位纯粹的诗人，他的报告文学，也是当诗来写的。‘诗人’不仅是徐迟的第一个身份，也是最根本的身份。他的诗学转型乃至人生选择，都体现出了一个诗人的秉性和气度。”此话说的极是。到了90年代后，我和徐迟的接触渐多，凡他回乡，我总能当面向他请教诗学，还为他拍摄了许多可资纪念的照片。我请他写书法，每次他都笑呵呵的，从不拒绝，从没一点大诗人与报告文学家的架子，最后几年冬天，我看到他穿起缎花棉袄的唐装，身材高大的诗人，依然很美。

记得李劼先生，有一文《山顶立和海底行》，文中曾说“美往往处在巅峰之前，花盛则谢，光极则暗。”阐述了生命本源的意义，他说：“从某种终极意义上说，人生具有本然的修炼意味，只是有的人意识到了，有的人没有意识到。但不管意识到的还是没有意识到的，人生总不外乎呈现向上和向下这两种生命状态。”如从某种人生意义上说，我们能否说徐迟向我们作别，就是生命和艺术在到达顶点之前，是追求美之极致时的一种特殊方式？在生命结束之际，他正是把自己的生命之本，献给了他毕生追求的诗之韵美呢？抑或我们这些凡夫俗子，对一位纯粹的诗人，他所追求的人生之美的困惑，是无法体验的。

光阴荏苒，再有半月，就是诗人徐迟诞辰96周年了，特撰此小文，以对我们这位诗人的纪念。

附录：

忆徐迟（章开沅）

我与徐迟相见甚晚，但并不恨晚。虽然我们都长期在武汉工作，但行业不搭界，又从未读过他的作品，特别是他早期据说是非常现代派而又有些古怪的诗作。

直到读《哥德巴赫猜想》，我才知道“徐迟”这两个字连在一起的分量。文学家有自己的内心世界、思维方式，科学家也有自己的内心世界、思维方式，即令是世界观相同也有各自的风貌与内涵。徐迟写的不是一般的科学家，是一流顶尖的数学家；涉及的也不是一般的科学课题，是多年极端难解的高深数学之谜。不是天才横溢的大手笔，能写出这样的文章吗？不是废寝忘食呕心沥血，能够写出这样千古绝唱式的美文吗？那思想的深沉，那目光的犀利，那感情的奔放，那文章之如行云流水、光彩照人……我被徐迟征服了！

但我并无急于求见徐迟的冲动，因为我早已不再是爱冲动的年龄。何况我又太忙，社会总有分工，各人干自己的本职工作，世界上有那么多美好的事物，能看得完吗？但我终于还是见了徐迟，那大约是在1985年，我当上华中师范大学校长之后。因为徐迟虽与我素不相识，但与华师中文系外国文学教研室的中青年教师却合作已久。颇有影响的《外国文学研究》编辑部就设在中文系，徐迟是该刊并非挂名的主编。

有天，负责编辑部日常工作的周乐群对我说，徐迟想找我谈谈有关《外国文学研究》的想法。于是我们就在一个晚上前往他家拜访。那时他早已离开紫阳路215号那个住了好多年的破旧小院，住进东湖边为落实高级知识分子政策修建的新宿舍。他在简朴的书房里接待我们，没有任何客套，开门就谈《外国文学研究》应该如何如何。然后就海阔天空神聊起来，我原籍浙江吴兴，与他算是小同乡，加以我青年时代酷爱文学，所以可谈的话题自然很多。他与我真是一见如故，气味相投，所以交谈没有任何顾忌。记得第一次见面他就说："你们历史学界不注意文采，写的东西读不下去。"我也直言无隐地谈了自己对于当代文学的一些看法。告别后，我认为他对现今史学论著的批评很中肯，常以此劝告中青年学者要注意文字的刻苦锻炼。

记不清是此后哪一年，中文系聘请他当客座教授。为表示特殊礼遇，由我偕同副校长王庆生（中国现当代文学教授）亲自到他家送聘书。这次见面属于礼仪性质，又有校部随行人员摄影，所以没有长谈。他高高兴兴接过聘书并合照了几张相，稍作叙谈我们便告辞了。其后不久，周乐群又来找我，说徐迟夫人死了，他非常悲痛且感寂寞，想邀我作长夜谈。我想无论作为校长还是作为朋友，都应该前往悼唁，便按约定时间驱车前往。当时湖北省领导为保证老人得到休息，同时也避免触景生情，把他暂时安排在风景优美的东湖宾馆居住。这一夜我们又谈了很久，但内容全记不得了。我平时虽爱说说笑笑，但最怕到死者家中安慰亲属，因为大家的心情都很悲伤，实在找不到适当言词来化解这无限沉重的哀痛。幸好徐迟倒相当豁达，主动说古道今、海阔天空地聊起来。我也搜索枯肠不断引发新的话题。记得张謇日记上有句话："夜谈甚苦"，没话说而偏偏找话说确实辛苦，而徐迟则是企图以苦化哀，暂时抑制爱妻离去的悲痛，我们两人的心情都很低沉。

以后我们很少有机会见面。只是有一次电视台邀请若干文教界知名人士看日本电视片展览，我们都参加了。那天看的片子叫《初冬》，讲的是一个退休老人想在最后诀别人世之前享受一下人生，在旅行途中所经历的一些故事，虽无离奇情节，却很真挚感人，特别是对老年孤独感刻画得淋漓尽致。我与徐迟都认为是一部成功之作，但徐迟却郑重地对我说："我们的感受可能并不相同，你如过了70岁再看，就有新的体会了。"这就是我们最后一次见面，不久我应邀赴美讲学，在海外前后工作四年多，很少得到徐迟的消息。

回国后得知徐迟身体健康，很早便学会用电脑写作，而且还与一位颇有才华的女作家结婚，我在内心很为他高兴。但不久又听说新家庭已经破裂，徐迟仍然写作甚勤，将有大著作问世云云，我只能在内心为他祝福。那年年底，就在全国文代会召开的前几天，路上忽然有熟人走过来悄悄告诉我：徐迟死了，是从同济医院高干病房跳楼自杀的。我为之愕然，几乎不相信自己的耳朵，这样执着文学而充满生命活力的老人怎么会自杀？但不久就通知我以个人名义送花圈，却不知为什么又不通知我参加追悼会或向遗体告别，也许是尊重死者遗愿取消这些世俗礼仪吧！其实我倒是想与老人再见一面，尽管已经天人隔绝。

徐迟的自杀是一个谜，谁也无从解开这个谜。他自己这样迅速而又默默离去，也不想说明任何原因。了解情况较多者认为是过于孤独，这使我又想起日本电视片《初冬》，想起徐迟当时那句意味深长的话，老年孤独确实是悲哀的，甚至是可怕的，但除孤独以外是否还有其他原因呢？我仍然未能化解自己的困惑。

过去习惯认为自杀是怯懦的表现，甚至是对革命事业的背叛，往往在自杀者死后还要加以批判。但徐迟的死使我对自杀增添了新的理解， 自杀与怯懦之间并非是简单的等号。对于某些文学家、艺术家来说，自杀甚至是对命运与死神的挑战，当然也包括对世俗不合理事物的抗议。他们不是消极地逃避或等待死亡，而是自己决定在什么时间，什么地点，并用什么方式断然走向死亡。这岂不是坚强意志的另一种表现？或许也可以看作是看透人生的另一种超越，最后一次超越。试问那些只知人云亦云地批判自杀为怯懦的人，你们除了批判死人的勇气以外是否还有更为值得他人尊重的勇气？死者已矣，死者无言，把各种各样脏水泼在毫无自卫能力的死者身上，这才是最大的怯懦。

话又说回来，如果是一般人自杀，顶多只能作为普通社会新闻见诸报端，而除家属外大多是不甚加以注意的。但作为文学家、艺术家自杀，则难免会引发形形色色的遐想。

记得读中学时曾练习用古文写李白小传，结尾一句是：“或曰白酒醉投江捞月而死，岂白之死亦须求一富有诗意之死欤！”不料这稚拙的文笔竟赢得语文老师的青睐，不仅用红笔又圈又点，还批上“天才横溢，出手不凡”之类通常罕见的评语。李白的自杀，事隔一千多年，尚且能够诱发一个乡间中学生的美丽想象，何况自杀于今日盛世之徐迟乎？我想这必然会给当代文学史研究者提出新的课题，并期待着比较合理而又贴切的解读，也许有朝一日将有如同《哥德巴赫猜想》那样的佳作流传千古。

枯叶蝶（怀徐迟）

白　桦

我们在春城的海棠花丛中相识，
我们的交往长于半个世纪；
我们常常竟日无言相对，
因为我们像一对绿叶那样默契。

分别，重逢，再分别，当然
我们还会再重逢，这毫无疑义。
时间、空间都不能阻隔我们，
连生死都不是诗人之间的藩篱。

你在晚年时曾经对我说：老弟！
我有一个苦恼了我多年的问题：

既然我们都有一双翅膀，
为什么要装作枯叶蝶，自我封闭？

为什么不展开五彩的翅膀，
自由地飞翔，吻遍大地 ；
即使被伤害，怕什么？
飞翔的，种族一定会生生不息。

我们的翅膀本来就光彩夺目，
每一面都无比艳丽；
我多么希望自然界的一切
全都能展现本真的自己。

我没有回答他，
因为他不单是在提出问题；
实际上他已经有了完整的答案，
他比所有人看得都要清晰。

后来他把这些思绪写成一篇散文，
告诉更多比我还要年轻的老弟；
许多老弟都能倒背如流，
交口称赞文章的深刻寓意。

遗憾的是有人却忽略了，
自己也有翅膀，而且也很美丽；
忽略了徐迟最后的展翅飞翔，

向蔚蓝长空的奋起一击。

我立即想起诗人李白
他为了扑捉月亮纵身跃入水底；
拥抱着满怀月光进入了永恒，
是痴？是梦？是醉？是谜？

也许人们很难理解，
把壮举当做绝望而为之扼腕叹息。
我听见李白和徐迟的回答：这才是
实实在在的、本真的、我自己。

我们在春城的海棠花丛中相识，
我们的交往长于半个世纪；
我们常常竟日无言相对，
因为我们像一对绿叶那样默契。

分别，重逢，再分别，当然
我们还会再重逢，这毫无疑义。
时间、空间都不能阻隔我们，
连生死都不是诗人之间的藩篱。

徐迟谈话录（李牧）

第一次谈话

时间：1989年3月30日

地点：武昌东湖路二十号徐迟书房

1989年我从西藏回来，路经武昌，开会间有一点空，便去东湖边所谓“高知楼”看望徐迟老师。前后两次，共谈约三个小时。谈的话题，事前我做了准备，谈话时未记录，回宾馆后即追记下来。

是日，去东湖边徐迟家，按电铃后徐音（徐迟三女儿）出来开门。我说是南浔来的，过一会，徐迟迎出。他已七十三岁了，步履有些蹒跚，耳背，靠助听器，但精神很好，他很高兴有故乡的学生来看他。

那天他穿一件红格棉布上衣，灰白发，很潇洒。在他凝神听我说时，目光依然是老师对学生那种样子。

徐迟的书斋，满壁是书橱，书橱上挂有画家郁风书写的徐迟“都乐洞记”横卷。郁风是郁达夫的侄女儿，她是徐迟年轻时介于友与爱之间的异性朋友。

◎（徐迟，下同）到书房坐……喝点茶，今天我们用外国人吃法来吃。（南浔人把“喝茶”叫“吃茶”。我惊奇他南浔话竟如此地道。他沏了红茶，是否放糖我忘了，他拿出一个柠檬，在二人的杯子里各斟上茶后，便削下一片来放在里面）

◎味道如何？

△（李牧，下同）好极了。

◎我也几年没有这样喝了。（他大约很得意他的“柠檬红茶”，连呼徐音出来喝一杯，尝尝。）

△上海《新民晚报》的李中原先生是不是南浔人？

◎不是，不是南浔人。《杀头和尚传奇》登了没有？

△登了，《新民晚报》登了，后来《文荟》上也转载了。（《杀头和尚传奇》是我写的一篇纪实散文，徐迟把它推荐给《新民晚报》。）

◎噢！呀哟，这篇文章本来可以收进××纪念集中去的，原稿我找不到了。

△还给了我六十元稿费，那时的六十元，蛮不错了。

◎（徐迟笑起来）是不错了。今年五月一日我要到南浔去一次，先到上海，办点事，再去南浔住一天，就飞回武汉。这一天是南浔解放的一天。（我没有问下去，南浔解放，他是参与的当事人，有很深感情上的回忆。）

◎造了个游泳池。（指南浔“徐一冰游泳池”，徐一冰是徐迟父亲，中国第一代体育教学开拓者。）

△我知道，没有进去看过。（由写作谈到我现在的工作。）

△领导也不好当，但不当领导就不会有机会到武汉来看你了。

◎你在研究什么？

△麻风病，听了很可怕似的。这次我是来开个业务会议，为三月北京开全国会议做准备。最近我在写个长篇，预计写30万字。已写了15万字，浙江文艺出版社有意出版，催我赶快写完，不过现在很忙，就没有时间写下去了。

◎什么题材？

△《庄廷钺》，我们南浔的“文字狱”。

◎好啊！这个题材选得好。

△为了写“绞刑”如何绞法，还写信问过周子美先生（曾是南浔藏书楼开创时编辑版本目录的学者），但他也不了然了。

◎喔！他还在，不是到外国去了吗？

△没有，他一直在华东师范大学当教授。

◎李大钊是被绞死的，他死的地方我去看过。

△不过，清朝的绞法肯定和民国时的绞法不同了。

◎这不要紧，演戏从来不能演真杀头的；小说也不用具体写如何杀法，过去演《刘胡兰》，扛出一把真铡刀，把刘胡兰放进去，又来个假杀。血淋淋的很尴尬。（绞刑）可以根据周围一些人的反应来描写。比如拍照，因房间限制，这个角度无法拍，可以换一个角度来拍（他一边比画着指指自己的房间。）

△我已写了15万字，计划写30万字。我想写这一段历史，我的立意是当时出现这样的“文字狱”是历史的必然，不能一切都推在出现了一个吴之荣（告密者）上面，没有这个吴之荣的话，也会出现第二个、第三个孙之荣、赵之荣来。（徐点点头表示同意）

△老师，上次在报上看到你在写《江南小镇》，出版了吗？

◎这不，我正在写；现在我已不看报，不看电视。已写了10万字，计划写到新中国成立为止，新中国成立后就不好写了。30万字。最近我搞了个小电脑，果然很快就打印出来了。（他去书桌上取出用尼龙袋装好的电脑打印稿小样来让我看）不靠电脑不行，我修改得很厉害，光靠自己抄来不及了。（他已感到自己的年事已高。谈到自己的身体，说生过疝气，开过刀，最近又发了，因我是医生，就问我有何办法。又说前列腺也开过刀，现在到北京也不行了，身上起红点，奇痒，问有什么办法。那是一种过敏，我写了点药名给他。他不看电视不看报，几乎把自己隔离起来了。我接着问……）

△这次人大开得很平淡。千家驹先生连会也没有去开了，去年他发言30分钟，鼓掌31次，这次，说他请假了……

◎唉，这种会，真叫受罪。我去开过二次，一次我开到第三天便搬了个旅馆，顾自写文章了。

△杭州现在正是桃红柳绿的好时光，可惜人太挤了，烧香的人特别多。现在烧香不再是老年农民了，年轻人也多得很。

◎信仰危机。（在谈话中，有人来敲门，徐出去说：家中有客人，半小时后再来。这时我看看表，半小时到了，便起身告辞。他给了我他家新的电话号码。我说方便的话，电话联系了再来看他。临走时他送我一本报告文学集《结晶》，并在扉页上签了名。这书是1984年出版的，印数12000册，算是多了。李牧记于武汉华中电力局招待所711房。）

四天后第二次谈话

△姚雪垠先生的《李自成》写完了没有，怎么不见出版？

◎写不下去了。（沉吟）书还是不写完的好，《红楼梦》不就没写完吗？

△他怎么要与刘再复打官司了呢？（指刘再复写文章，评论姚雪垠《李自成》书中的“李自成”是写失败了，是个“高大全”式人物，姚因此扬言要和刘对簿公堂。）

◎他也糊涂了，文章写出了，也要容人家评，怎么好打官司呢；魏明伦一篇文章就把他打（驳）倒了。南浔人说：“鸭屎臭”。现在人家不理他了。

△姚雪垠先生最初的文章是登在《红旗》上的，一开始就把人家（刘再复）放在被告席上……

◎他还是想向上爬，××想当国务院总理，他想到全国文联当主席，或者文化部做什么（语气上他对姚很不屑）。

△老师为什么当初不回浙江而到湖北来了？

◎想回去的，手续都办好了，谭启龙批了条子，房子也准备造了，但湖北不肯放，可恶……

△这情况我知道，你在文章里写过，我说当初你离开北京《诗刊》编辑部（副主编），出来后怎么会到湖北来的？

◎我去三峡工程了，作家下放体验生活，编制挂在“长江流域规划办公室”。就和水利工程打交道了。

△噢，你离开苏州，在苏州大学毕业是哪一年？

◎没毕业。（他算了算时间）那年19岁。（他沉默了一会）我去过美洲，也去过欧洲，现在身体不好，什么地方也不想去了。只想在望得见太湖的地方造座房子，地点也想好了，或是云巢，或是道场山。

△太高了，怕不方便。

◎不出来了，老死在那里了。（这话我听来总有一点伤感味道）我这一百年不知是怎么过来的，以后怎么样，现在要重新认识走过来的一世，要重新再认识。以后呢？现在的人，说你好，好得不得了；说坏，就坏得不得了。人脑乱七八糟，要是电脑就又严密又敏捷。

△以后总会好起来，人总是在走向文明的。

◎我要是在1954年死了就好了，那时还充满了憧憬。（我听了很吃惊）中国不知哪一天才能把那些档案袋统统烧光了。我么，今年5月份要到南浔去一次，但“小肠气”常发，平躺着会缩回去，所以南浔决定不去了，去了一定住医院。在家里很安静，只有我和小女儿两个人。白天她上班去了，一到南浔就不得了……（他又谈起自己的病，我为他做了一些治疗设想，鼓励他在天未热时去开刀。）

◎我也决心去开刀了，天热倒不要紧，有高干病房。

△武汉为什么这么热?

◎地势低，二江汇合的地方，地势都低，所以热。我装了个空调，就怕停电，电风扇现在又没了。

△停了电，有电风扇不一样动不来了?

◎（他笑了）是，有了也没有用。以后天气还要热，是臭氧层被破坏了。

△你住在东湖边上总好一些吧!

◎好一些，比汉口要低两摄氏度。

△（谈起人口问题，我说）毛泽东的一句话，批了马寅初，中国人口就再也翻不了身。十一亿人口的基数，还了得。现在到处是人，杭州西湖，一点幽静都没有了……

◎他（指毛）也有犯错误的一面，搞人民民主专政，到后来专政了人民，不得了。欧洲文明程度高，就自然不会多生孩子。

△（他书房挂的一幅抽象派画，我问）这幅画是谁画的？

◎一个法国画家送的，看得懂吗？

△抽象派，挺舒服。

◎没有具体的东西，但内容又很多，（他去书架上抽出一本画册来给我看）就是他画的。（画册扉页上有“徐迟兄嫂留念”字样，签名是用外文的。现在想来是赵无极的画。画册印刷精美，翻到一幅似黄宾虹的山水画，二人几乎同时说起来）抽象了的中国山水技法。

◎我在写一本关于南浔的书，（他又把《江南小镇》的电脑打印稿拿出来让我看，是第六、第七、第八、第九四章，这稿子前回他已拿出来过了，可见他对自己在作家中第一个使用电脑写作很满意。）是自传体，八年为一个段落。已写到××岁。我改得很多，现在有了电脑，打出来多清晰。手抄起来又慢又不清爽。

△你一天能写多少字？

◎不一定。

△我们在等着看你这本书了。

◎看不到，最近还写不好，也还要反复改……我也不留你吃饭了。

△不客气，能这样见面谈谈就很高兴了。

◎（他送我到门口）一年最少通一两次信！

△好的，留步，再见！

（后记）1997年夏，我给徐迟先生写了一封信，主要是谈人的“死”，信稿写好，忽然想起徐师已是80多岁的人了，与老人谈死似乎不太合适，于是信便压在抽屉里没寄出去。不久，一个朋友在极深的夜中，给我打来电话说：“徐迟跳楼自杀了。”时正是在开全国文代会期间。于是我额手称庆未曾把这封信寄出去。后来报上非常热闹了，对自杀之原因尤多推测。

徐迟的自杀，是他久存的一个念头，原因复杂，精心设计。但“自杀”而且“跳楼”，大家很难理解。然而，人生在世，好比在戏台上唱、做、念、打。唱得好，死便是最后精彩的大轴戏。出生是自己无法做主的事，如何选择死，看上去好像不成问题，但我们都不要自己“做主”，愿意“恶活”到最后一口气。徐先生并不，他是作家，自然懂得文章作法。一篇好文章在它该作结的地方，就不会再添几句多余的话，那是败笔。我相信他是在认为最圆满的时候，为自己写完了最后一个句号。

重读我与他的谈话，他在不经意间流露对生与死的看法，似有深意存焉。把谈话内容整理并输入电脑，为之记。

（2000年4月27日）

南怀瑾　只合穿云放眼看

南怀瑾是仁者、思者，是一位“经论三大教，出入百家言”的风云人物，这样的谈笑风生的寿者，也终离我们而去，其音容笑貌，犹在眼前，难道人生一瞬真就如此乎。记得我与南先生神交，应归功于当时复旦大学出版社出版他的系列著作，是1997年到新世纪之初这个时间段。出版社贺圣遂、陈麦青、孙晶，他们出版了南怀瑾的书，就寄予我读。如《孟子旁通》《论语别裁》《易经杂说》《南怀瑾的理念》等。由于我也写过一本有关《易经》的书，就格外看重他的《易经杂说》，我把此书竖看横读，并与拙作对照着读，以吸取他对《易经》的真知灼见，充我之不足。比如，他书中说：“《易经》不像别的书本，听过了就算了。讲下去有一个系统，假使中间缺了一节，以后就接不上了。还有学《易经》，其中的注解，有的是不对的，不能看的，尤其宋朝朱熹注的《易经》，也许比我高明，可是他一辈子也没有读通，如参考他的，就完全走错了路。”还说，“宋朝以后的《易经》注解，多数是走物理的路线，就是用儒家的学术思想来解释《易经》，而我们手边的这本《易经》，过去叫作监本，就是明朝以后的国子监，近乎现代的国立大学的课本而已。这个监本是明朝那些儒家采用了朱熹的思想编的。明清以来，我们的文化讲孔孟，大部分都倾向于朱熹的思想。”

读了南怀瑾的《易经杂说》后，他的讲经，虽与我取向不同，但义理相通。南先生讲《易经》，其实是在讲一部中国文化史，也在讲《老子他说》与《孟子旁通》的经典，他能把心中所认知的儒、释、道三者的文化学术思想，融会贯通，向大家阐释。

他认为《易经》的象与数，是科学的，没有办法讲歪的，就非要学会它的规矩、法则，才能懂得《易经》。千古以来，有关《易经》之书不计其数，但没人能把规矩说清楚，乃至老师都说不清楚。他说，“在抗战时期，有一位留美学科学的四川朋友，对象数很有研究，却不肯随便教人，所以对象数我们要特别注意。”南先生的话有道理，如我曾请教过复旦大学的蔡尚思教授，他于20世纪30年代就撰《周易哲学》一书，晚年他对我说，看了100多部各类《易经》的书，还是不甚了了。得出的结论，乃因各人看《易经》，眼光都有差异，有不同的时代化、学派化。而正反之间，也未能展开平等的争鸣，难免陈陈相因。的确，对《易经》的研究，总随时代之变迁，读者的代换，总会产生不同的思想看法。

那么，南怀瑾究竟是怎样的一个人？他为海峡两岸所做的善事、仁义，也无法细数，我想还是让他老人家自己回答，他说，“我对于各党各派都是朋友，到现在八九十岁，原来大家怀疑我是这一派那一党，我的头上戴的各种帽子头衔多得不得了，结果我到今天，始终还是做一个隐士。”的确如此，南怀瑾，1918年出生于浙江乐清，他的漫长一生，为学、投笔从戎，跃马西南，筹边屯垦，潜心佛典，在多所大学当教授，创办文化事业，不辞劳瘁，不避讥嫌。他还在浙江创建了金温铁路，还是个受人尊敬的“两岸调人”，他为开创如今海峡两岸的新局面，做了贡献。他素有“国学大师”“禅学大师”“台湾十大最有影响的人物”种种称誉，响绝国内外，盖一代之才也。

时代造就他的一切事业，可谓不胜枚举。他曾有一诗云："徒负虚名去住难，谋身谋国两无安。此生犹似巢空鸟，只合穿云放眼看。"确实，他像闲云野鹤，也如陶菊林梅，有时犹"醉归托宿吴专诸"，有时像"闭关谢尘网，我意嫌消极"的弘一法师，有时是"一个俗人，做出来的名士"，但更是"一位非常慈祥的老人，也是位风趣幽默健谈的学者"。你看，时年83岁的南怀瑾，为实现平生的"浓缩东西精华，传播国学文化"的心愿，不顾年迈之躯，来到太湖之滨，开始在七都庙港创建太湖大学堂。2006年，太湖大学堂建成，占地280亩。2006年7月，89岁的他，亲为学生首次开讲。此后，南怀瑾一直定居于此，"6年来南怀瑾先生50次公开授课，还亲自给学生们开出书单。"

可令人哀伤的是，2012年9月29日下午4时，他突患感冒并发肺炎，终在大学堂与世长辞，享年95岁。我想，如今，他已实现了叶落归根，回归仙逝的夙愿。这不正应了澳门商界领袖马万祺给他的诗："平生著述珍中外，稳坐渔船放眼看。"我们的南怀瑾先生，现不正揣一点儿禅心，稳坐于太湖之滨的渔船上，放眼看世界吗？

章克标　一个曾惹怒鲁迅的人

作者在海宁章克标家对谈

一

几年前就想写一点“章克标”的文字，但那时正是“百岁老人征婚”热的高潮期，中央台、浙江台以及各报刊媒体为此炒得沸沸扬扬，各类记者，带着各种不同的观点，来评说章克标这位世纪老人，而他也带着20世纪这百年之中，所经历的坎坷磨难后的超然姿态，无不处处发出调侃。老人的幽默和世人的哄炒，真令人啼笑皆非。几年来，在收到嘉兴《秀州书局简讯》或读到章克标写的文章，在那字里行间，总袅袅飘起这位百岁老人的身影。他已是102岁的老人，近日，突然要随他年轻的新婚夫人林青，千里迢迢奔赴湖北保康这个荒芜的山坳里去生活，我听了这消息后，一种莫名的忧虑，就升上心头，因为中国的文学界还没听到100多岁的老人，还到处飘荡。

章克标自己曾对我说，他19岁去日本，在日本留学六年，他虽是学数学的，但和郭沫若、郁达夫、林语堂、夏衍等中国文坛一些名人高手，在日本交往甚密。他还精通日，德、英、法等国文字。自1925年从日本回国至1957年，有32年之久，在上海这个十里洋场上做自由撰稿人、出版家和编辑。

那天，我和我的朋友专程去拜访他时，他正在为深圳一家出版社写自传体随笔《世纪挥手》。到他海宁的家后，当我们通过一间小小的厨房，再走进章克标杂乱的书房兼卧室时，迎来的，却并非是我们想象中的大作家和中外文化沟通使者的穿着西装革履的人，他却是一个微矮稍胖，平头白发中有少量黑发，说着海宁土话，皮肉白嫩，近似乡下的土老头。但是能有机会与一个曾经见过鲁迅，尔后和鲁迅发生过误会，日后又没有机会向鲁迅当面解释的老人，能无拘束地和他促膝长谈，应该算是一件有幸的事。但在那一瞬间，我又想，这老头这一百年的生活，他是怎样历经艰辛地走过来的？

谈话自然要说到鲁迅与他的关系。我们和他谈到了鲁迅在《准风月谈》上那篇《登龙术拾遗》的文章，那文章是专讲了章克标先生的，那已是70年以前的事了。而今70年以后，我们不好意思地又问他：“今日，许多书上都说鲁迅骂过你，是有这回事吗？……”毕竟人已过百岁，没有了一点火气，他十分坦然并笑滋滋地用嘉兴加海宁土话，回答了我们：“说到鲁迅骂过我，他是冲着我的《文坛登龙术》一书而来的，其实他骂的是我的朋友——邵洵美。邵是‘唯美派’诗人，那时我喜欢和‘唯美派’这些人聚在一起，我和邵洵美一起编过《人言》周刊。我把鲁迅用日文写的登在日本《改造》杂志上的《谈监狱》一节译了过来，刊在1934年3月的《人言》杂志上。可邵洵美又在我的这篇译文后，加了一段不恰当的‘注’。附注说‘鲁迅先生的文章，最近是在查禁之列，此文译自日文，当可逃避军事裁判……’，这一注文，大大触怒了鲁迅，他当作也是我写的，于是我就被叫作帮闲专家，而且认为‘提出军事裁判是极高的手笔，其中含有甚深的杀机，并且见到了豪家儿的鹰犬，向权门投靠之辈，是怎样的阴险了。’后来鲁迅又写信给郑振铎，说我‘为人恶劣’。”

又过了一年，鲁迅去世了，“真所谓死无对证，这件事在文坛上已经讲也讲不清了，至今，我还能向谁去讲清呢？……”

二

虽然，这段30年代的文坛公案，使章克标先生非常不愉快，“文革”中也加重了他的罪孽，但他还是不无幽默地向我们谈起许多文坛轶事。“你见过鲁迅先生吗？”他仍笑滋滋地回答说：“我和鲁迅见过两次面。一次是在内山书店，碰巧碰到，因我见过他的照片，认了出来，可他未注意到我。另一次，是曾为鲁迅画过像的陶元庆先生领我去的，到了鲁迅家，正巧他家里有客人，经陶介绍了一下，大家点了点头，可鲁迅他抽不出身来和我谈话，仍和原来在他家里的客人谈话，所以，这次也没有很好谈什么事。”

章克标在和我们的谈话中时有对“唯美派”文学的赞美，但对在当时的状况下一味倾向“唯美”也有些自愧。他老人心中不会忘记，当时30年代的中国，正处于苦难深重的民族矛盾时期，日寇的屠刀已沾满了国人的鲜血，而唯美派诗人们的自作多情，实在是和时代格格不入，哪能不令鲁迅先生愤慨呢 ？“这好比送战士上战场，风萧萧兮易水寒，你非但不呐喊几声，却在他们耳旁轻声细语读‘情诗’，实在是不协调之音，鲁迅的愤慨也不言而喻了。”

当然，从现代文学史上看，唯美派是一个文学流派，“文化大革命”中那顶“邵家的帮闲专家”的帽子，使章克标在海宁乡下，几丧老命，吃足苦头。章克标在30年代，若没有鲁迅的那篇借题发挥的《登龙术拾遗》，他在文坛上也许就默默无闻，但由于和30年代有名的“唯美派”诗人邵洵美联系起来，鲁迅骂邵洵美的同时，章也被骂了，如果那讥刺鲁迅的“注”确不是章克标所写，那实在使这位老人代人受过了七八十年，岂不冤哉枉哉。他说："解放以来的各次运动中，我都被认为反对鲁迅，特别是'文化大革命'中，成了极大的罪状，受到了不同寻常的惩罚。这完全是出乎我意料。我同鲁迅认识，实在的也只一面，那日也没讲话什么的。既没有当场面红耳赤地吵过架，也没有针锋相对地打过笔战，反对鲁迅的说法，不知从何而来？"

从谈话中，这位百岁老人，已把逝去的岁月看成过眼烟云，但他还总认为鲁迅对人太苛刻了些，但他认为对自己在日后那些不堪的遭遇，确实与早已死去的鲁迅本人，是毫无关系的。

快近2000年的岁末，已是庚辰农历小雪季节了，忽听嘉兴范笑我说，章先生和他新婚不久的50多岁的东北女子刘桂馥（而章却给她另取名为"林青"，意为"拎得清"）即刻要离开家乡海宁峡石，去湖北保康一个山区农场，我们又光临他老的敝舍。虽已三四年未见面了，但出现在我们面前的，依然是一个能喝善饮，步履轻捷，每天还能吃鸡腿喝牛奶，思维反应灵敏，充满机智幽默的形象，这从我和他的谈话便可略知一二：

我问：记得几年前我们来看你，你身体不错，隔了三四年你已经百岁多了，如今看你身体却越来越好了。

他却笑对我说：我想建议你把这"好"字，改成"年轻"。因为，我身子是越来越年轻了。

"这样说，章先生是逢到了生命的春天了？"我对他说道。

他却道出了新意，说："我的生命是从百岁不老开始转向青春的。"这样的机巧，已使我无话可说。于是，我略带调侃地对这位老人不敬起来，说：“那么你真像你的学生金庸写的武侠小说中的‘老顽童了’！”

他却对我回道：“我沽着，还比较不够顽！”这回话，使我哭笑不得。

我索性用“文革”语言对他说：“如果你还那么顽固不化，我们应该打倒你吗？”

章克标的回答更幽默，且带有挑战性：“应该被打倒，但怕打不倒，不是吗？因为，我早已倒在地上了！”

说这句话的时候，他的新婚女子林青，正好走过来靠在他的藤椅旁，我指着林女士说：“章先生，现在你身边还有美丽的林姑娘了，你已经不肯随便倒下了吧？”

他的回答却又是另一番情景，他说：“不是吗，她现在也倒下来了！”这句回话，我真莫名其妙，其所指，她和他结婚后，被人说闲话说得要倒下了，还是说嫁鸡随鸡，她也是倒下的人？还是指妇随夫唱也应该一同倒下吗？这就不得而知了。

我随即转到生命问题上来，我问他：“一个人活了一百多年，一个世纪多了，什么都经历过了，这样的生命是长了呢，还是‘人生苦短’呢？”

他的回答，似乎也很得体和辨证：“不长呵，可也不短了，这样的生命倒合乎孔夫子的‘中庸之道’呢？”

我有些奇怪，他的回话，牵涉到了20世纪中国知识分子是要做什么？是要立功，还是立德，抑或是立言呢？从章克标先生对生命只要合乎孔夫子的“中庸之道”便算不错了，寿命也长了，抑或是“中庸”和“乐天”使这位知识分子活过了一个多世纪呢？

后来，我们的谈话，牵扯生活的美满和爱情问题上来，也许和百岁老人说“爱情”有些滑稽，但他是一个文学家，一定还有爱情，留存于心灵深处。我问他道：“你最近喜结良缘，你是30年代文学家，而且是倾向于‘唯美派’文学的，你如今的生活有爱情吗？生活美满吗？”

他毫不思考便回答了爱情与生活的关系，他说：“我现在没有爱情，但不爱情也要生活，生活也可以不要爱情，而只要人情……”

人间温暖是真情。章克标先生，已垂垂老也，如今他生活要靠林青来喂养他，他也只能一反其传统，只能“妇唱夫随”了，不日他便要离开乡土，去一个他陌生的山坳农场里过上另一种生活。

可当我写这篇文时，他已从遥远的山区处来信，他说，在山坳里生活，同样有乐趣。这里空气清新，上午看看书，下午搓麻将，不管别人怎么看，怎么说，我生我在。

我想，这兴许便是20世纪30年代留下的一位老作家，在他活过了一个世纪之后，唯一能选择的生活吧。但愿他长寿康健！

邓云乡

布被秋宵梦觉

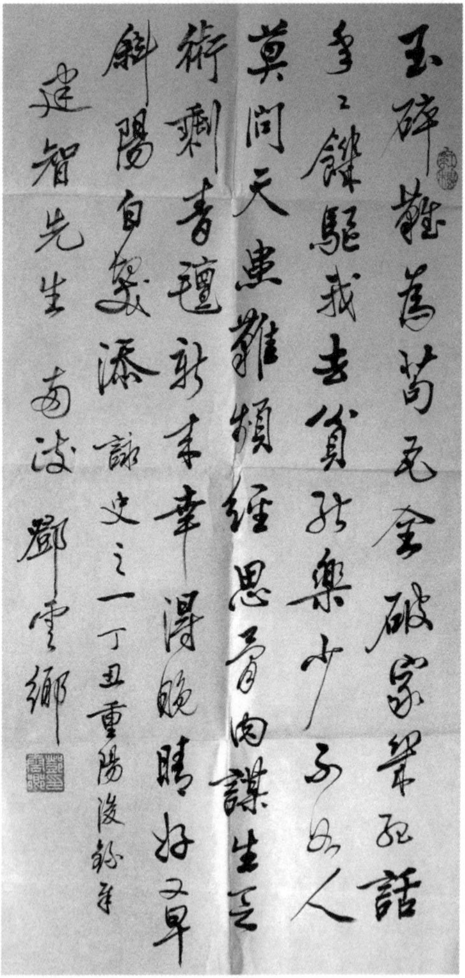

1997年邓云乡为作者写的书法

一

我与邓云乡老之神交和相识也有20年，只知道他是从北京来上海定居的。之后，从谈说间，才知他“是山西东北角与河北涞源、阜平交界的灵邱县东河南山镇人，10岁到了北京，29岁又来江南，先在苏州、南京，最后到上海，一晃近50年过去了。”这是他亲自告知我的，不无感慨。为此，邓老曾用辛弃疾词，调侃道：“平生塞北江南，归来华发苍颜。布被秋霄梦觉，眼前万里江山。”还说，“虽千古豪情，无法与之相比。而我生活的踪迹，也似与之近似。”看来，他青少年时，定胸怀凌云壮志，一如辛弃疾般的人，欲做大事。但他生不逢时，到处奔波，只做了个教师匠，直至1993年，从上海电力学院退休。

也许因为自幼受中国传统文化熏陶，因此具有深厚文史功底。学识渊博，善于思考，勤于撰述。退休后，以其亲身经历的事件，写与他有涉的人或事，描绘出与时代生活相关的经济、文化、民俗之变化，或以明清以来文人文事，钩沉探究众说纷纭的历史文化，潜心著书。他自已曾说浪费了大好时光30年，直至退休后，勤力遂追，用心写作，著作甚丰。出版有：《燕山乡土记》《北京的风土》《红楼风俗谭》《北京四合院》《清代八股文》。还有散文集：《书情旧梦》《秋水湖山》《花鸟虫鱼》《吾家祖屋》。当然，邓老还是当代红学大家，如若借用“朦胧之中似乎胎孕着一个如花的笑”，那么，对于他心中之“红楼梦”，仿佛就是“朦胧之中似乎在他心中，就有一个如花似玉的红楼梦”。他所写的《红楼梦导读》《红楼梦忆》《红楼识小录》，我均细细阅读。邓先生所留下的文字，保持着鲜活的生命力，为一个有着几千年的传统文化，渐在淡化遗忘的时代，补了许多砖瓦。

记得他的《燕京乡土记》被日本汉学家波多野太郎译为《北京风土记》后，他就赠了我这本书。此书之下半部，写到了他在北京所经历的生活。笔触所及写到北京护国寺、隆福寺、白塔寺、天桥、鼓楼后侧、什刹海河等处喝茶之事。特别是写他的童年，爱喝大碗茶的情景，对我特别有深刻的影响。这本书出版后，好评如潮。就像谭其骧这位历史地理学大家，曾评道：“按云乡所著，是不可多得的乡土民俗读物，写燕京旧时岁时风物、胜迹风景、市尘风俗、饮食风尚，文笔隽永，富有情致，还做了结合文献资料和作者个人生活经历的很有趣味的叙述。其价值应不让于《东京梦华录》《梦粱录》《武林旧事》等作，所以它不仅与历史人文地理有关系而已，无疑还为这方面的研究工作者，提供了一种极好的素材。”这是多么高的评价。不止所指，因有此书，不禁还让谭先生勾起60年前在京诸多怀旧之感，甚倍感亲切。又盛赞说“云乡记忆力之强，令人吃惊，旧时一事一物，历历如数家珍，其文笔又那么优美、生动、幽默畅达，读其书真能令人浑然如温旧梦”。（《一草一木总关情》，1992年第7期《读书》）

上述谭先生之评，更使我对邓云乡先生之钦佩。后又从乡前辈在山兄处，读到邓老记忆往事之诗：

柳荫记听莲花落，爱喝青瓷大碗茶。今日邮筒传茗耶，承君惠我好春茶。如何高士烟霞物，也入寻常百姓家。奉上打油诗一首，投桃报李多谢他。

邓老晚年还说："幼时不知饮茶，记旧时什刹海河，听歌口渴，喝大碗茶，直如琼浆玉露，数十年中常在梦寐间也。"真一如他的老师俞平伯，回忆童年的诗："红蜡烛的光一跳一跳的，照在挂布帐的床上，照在里床的小枕头上，照在小枕头边一双小红橘子上。"（《忆》）童年的回忆，总是美好的，让人永难抹去。

二

仿佛是因有了赵孟頫的莲花庄，有了陆心源的潜园，我才有机会与邓云乡先生叙晤畅谈。邓先生曾有《潜园怀古》一文，开头就说起这件事："我站在湖州潜园门口发思古之幽情，拍了一张照片，归来翻阅《艺风堂友朋书札》。"然后他引了潜园主人陆心源，写给缪艺风的一封信。巧缘就存在了，我与邓先生就结缘于此，仿佛就在昨天。那日，由费在山兄之介绍得于在似玉大楼晚宴上，认识邓先生，很雄壮的北方汉子，脸上带有粗线条的黝黑色，似有南下军人的气质，如若没有架上一副玳边眼镜，说不上有儒雅之气。但当一开口，谈起文人文事，遂改变了这一切的看法。那晚，同时也认识了刚从名古屋归来的杨亚平女士。说起杨女士，从那次认识后，她又来过湖州，她还带来日本的纳豆，多年之后，还在网上互通过几封信。至今，想她还在日本，专事教汉语的工作。这次畅叙之中，才知邓先生之亡妻蔡时言，还是湖州德清武康上柏人。于此，邓先生也算是我的乡前辈了。尔后，我查《德清城关蔡氏宗谱》有篇《德清蔡氏谱系述略》云："河南始祖开支蔡氏通谱世系以蔡淑、蔡泽为一世，至二十一世，蔡源于宋建炎初（1127），随从宋高宗南迁，自汴梁入吴越，居于钱塘。”“蔡源，字济夫，号世洪。宋崇宁二年（1103）进士，仕秘书郎，源生三子：长子维孟，后奉母赵夫人移居苏州西洞庭山，次子继孟徙湖州乌程，三子承孟迁德清。”可见邓先生夫人蔡氏，原是大户人家。不知邓公生前知否？

那次邓先生一行，来湖游了二处名胜。我想不必做描述，有他自己的游记文字在，他说：“经嘉兴到湖州，作了两日的秋游。而在湖州游了一是飞英塔，二是莲花庄。飞英塔是唐代中和四年（884）建的石塔，至北宋开宝年间（10世纪末期）在石塔外又建了木塔，所谓塔中塔，原是飞英禅寺的佛塔，取佛语‘舍利飞轮，英光普现’之意，名飞英塔。寺已早废，现修饰一新为公园。塔边有一株三四百年之大银杏树，仍郁郁葱葱，可见其古老。而莲花庄是元代赵孟頫别业，湖州是赵的故乡，修有园庭莲花庄，同北京的万柳堂一样，在历史上都是十分著名的。其后陵谷变迁，沧桑几变，到清末已成为朱氏废园和沈氏义庄。陆心源购朱氏废园改建为潜园。80年代初湖州市又将小河对面沈氏义庄地改建为莲花庄公园，把新建部分和潜园连在一起。……水面很大，荷花开时，一定很好看，可惜我们来时已是深秋，是‘留得残荷听雨声’的季节了。名石‘莲花峰’‘皱云峰’还在，潜园部分，老树葱茂，已一百多年，大有可观。……”

如今邓先生已逝十多年了，而每翻阅他的遗作，特别翻到他赠我之书，就仿佛再次聆听到他那略带山西语音的普通话，仿佛重新坐在他面前，沐浴着那浓郁的文化馨香。想起那日，他在湖的第一夜，他赠我书时，看到他签的名字中，令人特奇的是“云乡”两字，那带着草书的“云”字，真犹如你入秋日里淡淡之苍穹里云游；而“乡”字，又另有一番愁绪，留存于他的字迹中。据说他原最后一字是“驤”，原意是一“驰骋的白马”，《尔雅·释畜》中，有“后右足白驤”，《诗》云：“两服，上驤。”但反右时，邓先生弄得灰溜溜的，哪敢用此字，遂常用“乡”字了。到如今，当我每瞧着这些由邓先生手泽的字迹，虽生命不在，但仍延续着他的精神血脉和文化生命，那晚我们间的对话，每一回首，一如知堂所云，仿佛“觉得只有梦想或是回忆是最甜美的世界”。也许“即是昨夜的事情也要比今日有趣”。是的，回忆起邓先生和我在一起的情景，仿佛还在昨夜——那离潜园很近的似玉大楼。

三

自此之后，我与邓公遂成忘年之交。在此期间，邓公每有新书出版，必先寄赠给我，每本书的扉页上，均以从不变样的格式签名，且在名下钤一精巧图章。每次寄书，还附一封短笺。陆陆续续的，我得到邓先生签名本十多本，那时他新作迭出，我最喜读的是《水流云在杂稿》《文化古城旧事》《增补燕京乡土记》（上下卷）《春雨青灯漫录》等等。邓云乡的《水流云在杂稿》，书中那真挚、浓厚的情调，特别令人耐读。这从《水流云在杂稿》一书的《后记》中一段话即可看出：“北岳出版社出版我的《水流云在杂稿》，在我内心的感情中，是有特殊感受的。先君汉英公，昔时有诗曰：‘五百年来宅滱阴，绵绵累世尽儒林。’我家自明代永乐以来，世居北岳恒山之南，唐河南岸。唐河之源，就在恒山南麓，东南流入河北省后，就为滹沱河。北麓之水，北流入桑干河，再东流，入河北省后，即为永定河。我幼年是吃惯了北岳的水，滋润我的心田的。我很小的时候，几次从北岳山脚下经过，沿着那溪流间的鹅卵石，望着那缥缈的悬空寺，缓缓地从狭窄的唐峡走出去……这都是半个世纪前的事了。试想，在这样记忆的基础上，今天，北岳出版社出版我的书名为‘水流云在’的书，真是：内心缠绵之情，也真像恒山顶上天空中飘浮的白云，也真像恒山脚下唐峪中淙淙的流水，是说不完，道不尽的呀！”一种多么醇厚可贵之情。

尔后，他对我送他的拙著《易经与经营之道》，说回上海后仔细读了。有一天，费在山兄告我说，邓先生在百忙之中，读了我书，还替我撰了一稿，即将发表在《新民晚报》的“读书乐”上，约一周不到，我即读到邓文。题目“《易经》的趣味”，文章不长，不妨录之以下：

我小时没有读过《易经》，只是不知为什么记熟了八卦口诀，什么“乾三连，坤六断，离中虚，坎中满……”至今也还能顺口背出，画八卦也不会错。《论语》中的话，我一般都懂，也较熟，孔子说过“不学诗，无以言”“不学礼，无以立”的话，但是于《易》，却说道：“加我数年，五十以学《易》，可以无大过矣。”说这话时，似尚未学过。后来不知学过没有。按“删诗书，定礼乐”的记载，孔子也可能没学《易》，连孔老夫子都没有学《易》，我何必学呢？“不懂就是不懂，不要装懂”，这个教导我还是记得非常牢的。所以我虽然“乾三连，坤六断”以及什么“潜龙勿用”

“龙见在田”等等，记得很熟，却不懂，不知什么意思。最近一位新朋友张建智先生，却送了我一本三联书店出版的新著《易经与经营之道》，开始我还怀着疑问心态，这古老、深奥的玩意儿，作者怎么说的？真懂吗？我仔细读了几篇，才看出点味道来，啊，原来是这样，大有茅塞顿开之趣。如解释乾卦道：“全卦皆阳，蕴涵着乾天如日，其性刚健。”

后面联系经营说：“尽管我们无法找到变幻莫测的成功之规律，但是作为一个从事经营的人，如果他的胸怀中有一个‘刚健中正’即光明磊落的正确原则作为指导……最终会得到成功的收益。”这样解释乾卦，联系实际，就十分有趣。又如解释夬卦道：“夬卦·夬者决也。该断时必决之意也。”这样的说明，比原书一上来就解释：“决也，阳决阴也，三月之卦也，以五阳去一阴，决之而已……”对现在的读者来说，要明白得多。后面作者还举了一个经营中的例子，说一个做生意的人，筹足了两千吨铜的资金，不及时订货，眼看着铜价上涨，眼看着损失了两千万元的利润。说的有来有去，有理而且有趣，可惜这位做铜生意的朋友，没有好好学一学《易经》的夬卦，不然，准赚大钱。

作者对古老的《易经》每个卦都加了简洁明确的标题，如乾卦是“自强不息”，夬卦是“当断则断”。坤卦画出来并列两个六小段，中间是空的，它的标题是“虚怀若谷”，屯卦是“创业维艰”，蒙卦是“授业解惑”……总之，每个卦都有他独到的见解，明确标题，联系现实的简洁有趣的解释，使这本古老而有些神秘的经典变得通俗易懂，而且联系现实很好，说得十分有趣，让人喜读。稍感欠缺的是，书前书后，没有一篇简单画出卦象、说明卦象的文字，因为读者不知道这些卦象的符号，说是“乾卦”，那又什么样才是乾卦呢？岂不没有根据吗？虽然，我仍感到它是一本有趣的书。

今天，当我重读邓先生这篇为我写的不到千字之文，但若设想一下，那时，他是多么的忙，老妻亡殁几年，家中事务肯定不少。且写此文前，得细读拙著，开写时他又对照《易经》原文，比较了我的简解，还要举例说明，文章又不得拖沓。（因《新民晚报》是以短文取胜的）。邓先生不用电脑等等，这些，均说明了他对事是多么认真，对后学者总是有望、提携。如今想来，真是为难了他，打扰了先生。但邓云乡先生，人所共知，是一个厚道人。为此，为了找到他的小文，我在电脑上，已搜索多日，但哪里都找不到《新民晚》报上的此文，只好到处寻翻旧箧，几天后，终找到个晚报复印件，为了不让邓先生为我而写的小文流失，只能重抄以上。为永志纪念矣。

今晚在灯下，又读他为我写的一张书法，名为咏史之一，读至最后一句“斜阳白发添”时，不禁悲从中来，这是他1997年重阳节后，兴致所至时所书，离邓先生离世仅剩一年多时间，“螳螂捕蝉黄雀在后”，其实，那时死神已经盯住了他，可他自己一无所知，重读他的咏史诗，无意中，我的眼眶里，禁不住同时流下泪来。

先生文中指正的“稍感欠缺的是，书前书后，没有一篇简单画出卦象、说明卦象的文字”。此憾，终在第三次再版拙著时，由北京团结出版社版2008年第三版时，做了修正，补上卦象，如邓老地下有知，想定会欣然高兴的。

谢蔚明　一位报人与《文汇月刊》

从北大荒回来

谢蔚老逝世后，我一直想写一文，曾撰了几百字，惜未一鼓作气写毕。一转眼离他老仙去，忽忽又过了两年。今适整理旧书报刊，正翻读到谢老于2006年3月17日《文汇读书周报》上的《我与袭之方》一文；重读之下，此文既介绍了出版与电影界老人袭先生与夏衍、苗子、郁风、丁聪、唐瑜等文化人的往来经历，但更多的却介绍了谢蔚老自己之生平。似颇值一录："世事沧桑，变化莫测，反右运动中，我未能幸免。所幸大难不死，袭之方获悉我从北大荒回到北京，一九七九年五月二十三日他来信说：'要否给梅益同志写封信，把你推荐给中新社，希望梅找一找中新社张帆同志。我会给他写信告知你的处境'。事后，苏州的龚之方向张帆推荐了我。"从此信看，袭之方先生那时在北京，认识一大批20世纪30年代的文化名人，同时龚又是个热心人，他极力推荐谢到中新社工作。那时，谢蔚明虽好不容易从北大荒回了上海，但尚未落实政策。

龚向中新社介绍说，"他叫谢蔚明，过去在上海文《汇报》驻京办事处工作，能写能编能跑，确是当记者的人才，1957年戴上右派帽子，"文化大革命"中被捕，目前，上海"文汇报"未安排他的工作，中新社求才若渴，谢蔚明实是可以罗致的对象，他比我年轻，今年才六十出头。听说社科院梅益同志对他知之甚深。"当时，龚之方积极为谢奔波，但不巧中新社张帆正去日本，待一月余回北京处理谢的工作问题，却已过时。而那段时间，正好文汇报社办《文汇月刊》，谢蔚老原就是文汇报人，他就任职于斯。

其实那时他，已是退休年龄。“他能够幸运地活到现在，已经是个奇迹。”这是郁风对谢能活着从北大荒回来评说的话。谢蔚老原是安徽桐城人，1917年生。出身贫寒，曾毕业于黄埔军校第16期，是位军人可又是位报人。曾任战地记者，出生入死，参加过南京保卫战。我曾听他说，有一次被敌人包围，两个白天与晚上，在长江水面上死里逃生，敌军子弹不断于他头顶呼嗖嗖而过。他身旁的士兵，中弹流血不止，他总算幸免于死。“城破之日，奉命突围，先后从下关、八卦洲，鲜血染红的江面和浮尸中，在敌舰监视下突围逃生。”（见谢文《亦忧亦喜话平生》）那时他20多岁，作为一名军人英姿焕发，作为一名报人勤于采访。后他调任重庆，任《扫荡报》战地特派员。1942年在湖北恩施任《武汉日报》采访主任、《新湖北日报》通讯室主任，抗日战争胜利后，任中央社武汉分社采访组长，后在南京《和平日报》任采访部副主任兼《每日晚报》采访部主任。1949年秋，任《文汇报》驻北京办事处记者。“50年代初，风华正茂的谢蔚明，紧随名报人浦熙修，在刚刚解放、日新月异的岁月中，驰骋京华，采访新闻，以最快的速度在销量很大的上海《文汇报》上发表。”那时，共和国诞生，文化名人云集京华，都是他采访和写作的对象。正如苗子、郁风等人，他们回忆谢蔚明时说，“当时的《文汇报》驻京办事处，就是许多文化界朋友相识相聚，兴奋地交流国家建设好消息的去处。”但好景不长，谁也没有料到，1957年反右，众多知识分子蒙难，浦熙修遭批判，谢蔚明也卷入其中，难逃劫运，终被发配至北大荒，一去19年！一去19年后，真犹鲁迅说的，像一蜻蜓在绕了一圈后又回原地，谢蔚老总算又在《文汇月刊》有了机缘，发挥余热。又干了近十年，因他长期做记者，文化圈人头熟，为该刊约写了许多妙文。直至1990年，该刊停了。尔后，他就是写稿著书不辍，直到92岁谢世。所以，郁风曾不无感慨地说，“谢蔚明，还能够写书出版，那就不止是他的幸运，也是读者的幸运了。”此话道出谢老的心声。余生也晚，初识谢老，是为了那篇他写章克标的文章。章百岁之时，我去海宁看他，就听章的新婚夫人林青说起谢蔚明写章文之事。当然，此文有所过头，后来我与谢见面，他自己也说谈章一事，不免偏激。但随接触多了，他老并非是那种专挑别人毛病之人，恰恰是一位热情、好客、慈祥的文化老人。有一次，为编一套《远东瞭望丛书》，到他家约稿，他丝毫无倚老卖老之态。那时他年近九十，我们谈得愉快，还约我们到他家附近一家餐馆吃饭，亲眼看他转几条马路，行走简捷。有一次，我们小叙时，听他谈起许多他在北京曾去采访过的名人轶事，也谈到《文汇月刊》是如何创办，如何越办越火红。

办《文汇月刊》

《文汇月刊》诞生于1980年初，这大型的文艺性综合性杂志，在新时期可谓首创。他谈他每月奔波不息，走访各位知名人物，在京沪两地组稿；可以看得出，他对自己所办刊物感情至深，充溢着虔诚之心。经他的多方位的热情洋溢的说谈，我也似乎记得，那近百页的刊物，当年仅4角8分一册，目录十分显眼，栏目丰满，质量之高，当时也算得上是首屈一指；封面总有名人照片，记得1982年第1期上，就有巴金老穿着中山装那儒雅的风采。封底有名人字画，反映了各族人民的生活风貌。内有适合各等人阅读的文字。有报告文学、小说，传记、散文随笔、书评欣赏，和“鲜花一束”“仙人掌”“自由谈”，甚或还有音乐、美术、中外银幕等等。名人名家都在此亮相出文。巴金特地撰写了怀念老舍的散文《我爱咱们的祖国，可谁爱我啊》，丁玲有长达2万多字的散文《我所认识的瞿秋白——回忆与随想》，唐弢的《追怀雪峰》等名篇。以及，当时许多久未见面的作家陆续在《文汇月刊》上发表文章，其中有茅盾、叶圣陶、唐弢、王朝闻、吴祖光、艾青、姚雪垠、萧乾、公刘、王蒙、邵燕祥、舒芜、冯亦代、董鼎山、杨宪益等等，还有一大批中青年作家，引起全国读者极大的关注。《文汇月刊》逐渐发行到10万份以上。至今，最使我印象深刻的，我还记得柯灵老先生，老人披着一件黑色的呢制大衣，神情凝重地坐在地阶上，身后的大地上则是一片片洒落的黄叶，凄苦肃杀之气，乃袭面而来。《文汇月刊》后来停刊了，但柯灵老先生，似乎还坐在那里，还满地黄花堆积。可见当时这个年近七十的谢蔚明，作为一名老文化人，一位副主编，他是全心扑在这个刊物上的一个重要编辑。

刊物虽停了，但人们是不忘记他的，那天，他拿出陈鹏举当年特为他写的一首诗让我们看。诗曰：

闲说玄宗两鬓乌，谢家未有此清癯。泪流一似聂绀弩，史笔双清张伯驹。屈子生来非楚子，董狐看去是妖狐。囊中八十三年事，来煮千秋酒一壶。

那天，他还拿出杨宪益特地从北京寄给他的诗，也录之以下：

早期比翼赴幽冥，不料中途失健翎。结发糟糠贫贱惯，陷身囹圄死生轻。青春作伴多成鬼，白首同归我是卿。天若有情天亦老，从来银汉隔双星。（1999年12月作）

织女星沉天一方，牛郎今改卖油郎。花魁留给他人赞？犹挂羊头酒更香。病妻早逝十周年，犹在京华聊大天。老而不死留为贼，来访诸公看好钱（看字读平声）。只能吃喝拉撒睡，不会坑蒙拐骗偷。贫贱书生无一用，谁叫织女嫁牛郎。昨夜星辰昨夜风，牛津水畔绿荫丛。平生厌读红楼梦，到底依然假大空。（2000年10月27日作）

当时读了杨宪益老的打油诗，非常有情有趣，我们大家读得心里直笑，但那笑中无不填入了幽默的忧郁。但也读出了杨老困境中的无奈与落寞，然不乏气度闲定雍容，心态之潇洒。读完后，谢老也笑。当然也透出他们是同时代人的苦涩。谢蔚老为人直率，那次我们相聚，他老见我女儿快博士毕业了，他对她说，有事找他，介绍她去认识黄永玉等许多他熟知的名人，似乎他老谁人不识君，引得我女儿笑盈盈得开心。他总把奖掖后生作为己任，如我写《中国神秘的狱神庙》一书时，他还特地邮寄我有关资料。记得编这套丛书时，六个作者中，他属最年长，但却率先交稿，令邵燕祥、来新夏、葛剑雄诸先生感佩不已。谢老之书《那些人那些事》，还专由黄苗子亲书题签，郁风为他作序。自那后，我和谢老常电话通达，至2008年初，当闻谢老住院，他夫人也常有电话，时告知病情一二。当时我想，他老黄埔出身，九死犹生，且多经练历，身轻无病，定能犹军人夜行般穿过这一次的劫关。殊不知有一日清晨，我打电话问候，他夫人却于电话中告知："我正要去医院呢，看来这次老谢有些危险了，大概不能逃此一劫了！""有这么严重吗？"我说，不是前段时间还很好吗？他家人接着急急地往下说："老谢原已很瘦，现在已是皮包骨了，他吃不下任何饮食。""是否进的流汁，乃或弄些好吃的！"我在电话中说。"是啊，我现就到医院去给他送好吃的！""那就不打扰了！真希望谢老还是一如以前那样命大，闯过这一关！""谢谢，谢谢，我一定向他讲……"最后，谢夫人还补充一句说，凡她把朋友之来电，一一报给谢老听时，他勉强苏醒一刻，总会心地点点头。

这老马终走入天堂

2008年1月29日，岂料噩耗终于传来，我沉痛半天。尽管生老病死，是一种自然规律，且谢老已是九十二高寿，总想他还能像以往一样，逃过命运对他的挑战。我不愿听到这消息的传来。谢蔚老，一生经历了多次生死攸关的时刻，单说十九年的北大荒，大批寒士成死魂。用他自己的话说，这一生，到鬼门关去过多趟。而南京大屠杀和北大荒的牢狱之灾，这一切，都没有压倒他的命运之神，他始终艰难地承受了生命之重。今屈指算来，谢蔚明老先生，已走了两个多年头。有时我想，"这老马终走入天堂"了。

今写毕此文，令人宽慰的是，他比之老友龚之方的晚年，尚好得多。这有他的描绘为证："龚之方的晚年，不仅为病痛折磨，风风雨雨的家务事，搞得他不知所措，如果老伴在世，还可为他分忧，但是她已走上黄泉路，他是个病夫怎么应付……”我又想，谢老晚年，生活温馨，他无疾而终，活了92岁，虽历经坎坷，也算大幸！“秋兰兮麋芜，罗生兮堂下，绿叶兮素枝，芳菲菲袭序。”（见《九歌·少司命》）两年之后的今日，又近清明时节雨纷纷。

呵，谢老，在这素花兰叶，一阵阵幽香袭来之际，你安息吧。让我们在你所安息的芳菲的殿堂，虔诚鞠礼！

芮沐　**北大的法学家**

从陆卓明说起

2009年秋，读北大吴志攀校长《斯人已去，遂成绝响》一文，是回忆陆卓明的文章。陆卓明（1924—1994），北京大学教授，我国著名的世界经济地理学家和教育家。其父陆志韦是燕大校长，曾与司徒雷登共襄燕大义举，历经艰辛，达30年之久。而父子均具中国知识分子特质：追求真理、忧国忧民、坦荡诚挚、一身傲骨。乡前辈有如此崇高的品格，令我感佩。

前年3月20日，我国著名法学家、中国经济法学和国际经济法学奠基人、北京大学资深教授芮沐先生，因病医治无效，于北京大学仙逝，享年103岁。尔后，我又读到吴志攀《芮先生对我的教导》一文。这又是一篇令人感动的回忆文章。

岁月流逝，近两年来，我总想为一个乡前辈写下些纪念文字，因为，我曾与他神交并在他去世前，专程去北大燕南园拜访过芮沐先生。

记得2011年5月的北京，天气晴朗，未名湖畔树木蓊郁，湖水悠悠，塔影湖光，景色独饶。可以说从燕园到湖畔，除一些小红房稍作点缀，简直就是列维坦笔下的一幅幅画面，让人流连。如若融进北大、燕大以往之人文故旧，岁华文缘，燕园的魅力，格外迷人。

那日，去燕南园65号的芮沐家，这是一幢二层小楼，加之小院，自成格局。63号是马寅初家，64号是翦伯赞家，57号是冯友兰家。其实，这一幢幢小楼，青砖灰瓦，若以现在的眼光看，似都普通，房屋早已老旧。树多人少，绿树掩映之中，整个燕园，遮得严严实实。可与周边环境，却形成鲜明对比，环顾四周，倒有一点乡野之味。但在此地，却留下过多少名师、名士。芮沐先生就是其中的一个。

芮沐，1908年7月14日生。他出生于湖州一个商人家庭。父亲从事纸业生意，把江西纸张贩卖至上海，之后，随生意渐大，举家迁至上海南翔。兄妹八人，芮沐出生时，父母为他取名“芮敬先”。而“芮沐”，是他后来自改。少年时，就读法租界浦东小学，尔后，转法国的圣房记教会学校。在教会学校，礼拜天要去参加教会活动，念赞美诗，因此学了英语和法语。1927年，到英租界马克密林读中学，毕业后，芮沐考入震旦大学。四年下来，外语水平大有提高。震旦大学毕业，获文学学士。

1931年，芮沐到法国留学，获得法国巴黎大学硕士学位，1935年，又去了德国。那时他思想活跃，曾想在德国的马克思学院就读，后来希特勒上台，马克思学院被关闭，他只好去法兰克福读博士。获法兰克福大学博士学位。他原喜文学，后转择法律专业。而促使芮沐转学法律，乃因两事对他刺激。一是他的二哥，小时踢足球时，被菲律宾人拿着棍棒打残了，下颌被打掉。后来在上海街头，给人劝架，又莫名其妙地被人打死，而对他之死，没有任何人负责，遑论惩办凶手。当时上海租界极为混乱，黑道猖獗，每天都有无辜者惨遭杀害而无处申冤，这促使芮沐决心学好法律，保护像二哥一样的中国人。二是他对当时租界的“会审公廨”深恶痛绝。会审公廨，乃英美在租界内的一个法庭，审理除享有领事裁判权国家侨民以外的一切案件，实质上是一个列强的联合法庭，最后的审判不是凭是非曲直，而是凭各国的实力。而中国人到了这样的法庭，没有任何公平可言，只有受屈辱受迫害的份儿。当时这样的现实，促使芮沐萌发“法律救国”的思想，他想用法律，帮苦难的中国人打赢官司。

回国从教

1939年，芮沐回国，先后在重庆的中央大学、昆明的西南联大教书。当时西南联大，由学贯中西的三代知识分子组成。第一代是以陈寅恪、傅斯年、刘文典、闻一多、朱自清等人为代表；第二代是以王力、唐兰、浦江清、钱端升、叶公超等为代表的中年精英；第三代是以钱钟书、费孝通、吴晗等为代表的30多岁的“少壮派”。而芮沐，属于费孝通、钱钟书一代，是刚留学归来的精英人物。他们个个中西汇通，满腹经纶，人人满腔抱负。而芮沐与费孝通，几十年的深厚友谊，是从这时候开始的。

在西南联大时，他与周佩仪结为伉俪。周出生于湖南长沙一个殷实的商人家庭，自小管教严格，是南京金陵女子文理学院的学生。年轻时知书达理、典雅端庄。从此，不离不弃，长相厮守，直到今天。1945年，“一二·一”惨案在西南联大发生，1946年，李公朴、闻一多惨遭杀害。血气方刚的芮沐，义愤填膺，在课堂上，公开抨击国民党的黑暗残暴，引起了当局的注意。当时许多人劝他谨慎，他不予理会。一位在校的美籍教师与他交好，对他说，中国这么黑暗，你又身处险境，不如去美国，我帮你介绍。带着对国内政治的失望，芮沐偕妻子去了美国，在哥伦比亚大学做访问学者，大女儿，就在美国出生。

1947年后，全国形势已经明朗，但北平还在傅作义手中。在美国过着殷实生活的芮沐，对新中国充满希望，热血沸腾的他，决定回国，迎接解放。当时妻儿无法与他同行，他却对妻子说，再晚就迎接不了解放，毅然撇下妻儿，一个人先回北平。

当时北平的学生运动风起云涌，芮沐一回来，就投入学潮中。新中国成立前夕，一位叫孟功的同学被国民党特务逮捕，芮沐决定作为律师替他辩护。当时芮夫人也已经回到他身边，觉得这样做太危险，许多同事也劝他不要去。他却义无反顾，面对国民党特刑厅的威胁恐吓，正义凛然地为学生辩护，痛斥国民党特务。由于他在知识界的地位，国民党特务一时也不敢怎样，直到北平和平解放。

那天下午，我们到芮教授家后，得到了芮教授夫妇的热情接待。已是虚岁103岁的芮教授，坐在轮椅上，看到来自故乡的人，他很激动，因毕竟一番乡愁在。芮教授夫妇愉快地与我们合影留念，并将芮教授的著作，民法学原理的力作《民法法律行为理论之全部》一书相赠。这部书，其实和芮沐一样，颇具神秘和传奇色彩，它永远会于中国学术史上留下重要的一笔。据浙大张谷教授多年研究，这部民法著作，其学术价值，哪怕德国或日本的学者，至今无法追及。而最令我深深感动的，是在芮夫人的帮助下，并在保姆一声声鼓动下，他终于用颤抖的手，亲笔签上“芮沐”两字。

历经劫难

真的，能得一位103岁法学家之手迹，是多么珍贵。虽然芮沐老人已不能笑谈，但那日坐于他家沙发上，听老夫人一席话，更令我惊叹不已。老夫人93岁，但声音洪亮。她讲述了“文化大革命”十年，他们家经历了多少劫难，她激动地说：“那些时日里，老芮每天接受批斗、游街，被关进‘黑帮大院’。这些均挺过来了。但有一次，他被打得半死，我终于怀着冒死的危险，闯到校造反派总部，与他们论理，并不顾一切把芮沐抢救出来，如若稍迟一步，可能老芮早不在人间了！”

芮沐与他的老伴

听了这事，这位出身湖南的个子小巧的女人，即刻在我心中高大起来。我暗自思忖：“啊，毕竟是出自曾国藩家乡之人，与那些柔弱女子相比，似断然不同。”我，对她格外崇敬。

“文化大革命”之后，芮沐和广大的中国知识分子迎来了新生。1978年邓小平访美，中国开始走向世界。1979年春，中国社会科学院组团，在副院长宦乡率领下，到美国考察访问，可以说是推开了中国学术界走向世界的第一扇大门。代表团在美国纽约哥伦比亚大学访问时，哥伦比亚大学校长William McGill等人接待，当时，同去的就有费孝通、钱钟书等知名学者。

费与芮是多年好友。芮沐佩服费孝通的博学广闻、学术目光深邃；而费孝通则对芮沐的外语天赋惊叹不已。芮沐精通英、法、德、俄、日这几门外语，也会东欧的一些小语种，其拉丁文，中学时在教会学校就打下基础，后一直勤学不辍，功底深厚，这无疑对他后来创建经济法和国际经济法起了巨大作用。

总结几十年的经验，他认为，新中国刚成立的时候，废除了旧中国的民法全书，引进了苏联的法律系统，使得民法的起草没有基础，非常艰难。可国家的经济建设不等人，先搞《经济法》是一条可行之路。虽然当时已经制定了《企业法》和《合同法》，还有《民法通则》，但与当时国家经济发展的需要，是远远不适应的。自创建国际经济法后，芮沐出国访问和教学的机会多了。创立国际经济法这门学科，也是为了适应中国改革开放的需要，因为随着开放的深入，中国的国际贸易日益增多，贸易争端也日趋激烈，极需这方面的法律人才。现在WTO工作的中国专家学者，许多都是芮沐当年的弟子。

那日，客室的墙上挂着芮沐年轻时的照片，可真帅得就像个电影明星：浓眉大眼，鼻直口方，饱满的额头下，一个俊秀的脸庞，眉宇间，蕴藏着一股逼人的英气。芮夫人马上会意地说："芮沐一直爱好体育，喜欢运动，足球、游泳、骑马、击剑、棒球，样样都行。"还说，"他对一切新事物特敏感，80多岁时，电子游戏还刚风靡，就跑到大商场顶层游戏厅打游戏，我只能站在一旁等待，而周围的人，全是10岁左右的小孩。"是的，正由于对外界的一切敏感如此，其在70岁后，还给本科生上课。骑一辆嘎嘎作响的破自行车，在校园中奔波。其一片赤诚之心，令多少学子感动。他1985年带博士研究生，直至92岁高龄，依然带着博士研究生，这在教育史上极为鲜见。

芮沐90岁与学生一起时，还有这样动人的情景："一次研讨会结束后，怕先生疲劳，建议送他回家休息，他用诧异的目光看着我说：'为什么要送我？我要和你们一起吃饭。'饭局中先生很高兴，动作轻快自如，丝毫看不出他已经是一位90多岁的老人。吃了一些菜，品了红葡萄酒后，先生对我神秘地说：'从培国，给我要一杯红牛饮料尝尝。'说完，老人脸上流露出一种孩童般纯真、灿烂的笑容。那样子，真的很动人，像是一件艺术作品。"读着这样的文字，真令人唏嘘不已。

如今，芮教授驾鹤西去，已近两年，我有一种说不出的哀痛。芮教授虽仙逝，但他的法学精神将长存于世，何况我们渴望已久的真正的法学精神，还离我们很远很远……很多时候，在我们的现实生活中，我们还会感受到伟大诗人普希金的一句诗"法律在哪里"的困惑和迷惘。

在这里，我想借芮沐的弟子吴枝攀先生一段话作结，他说："我深深感到，这一辈子能跟芮先生学习，是莫大的荣幸。先生是一本渊博的大书，我有幸走近这本大书，阅读了其中的几页。但是，书中还有很多精彩章节，我还没有读，还等待我更加深入地阅读，也要等我的阅历增加，才能深刻理解。我估计，我这一辈子，恐怕怎样也读不完先生这本大书了。原因很简单，芮先生已经一百多岁了，我才年过半百，但已未老先衰。作为他的学生，我只能远远地望着先生的背影，永远都跟不上他坚毅而敏捷的脚步。"

胡河清　除却巫山不是云

一

那日在西子湖畔漫步，正好遇到一家旧书店。走进店内，随手就翻捡到那本《胡河清文存》，封面全黑，书名着黄色，设计者独具用心，全黑封面上，再用毛笔蘸上深墨再横上一笔，深意乃神秘莫测矣！

其实那书我原是有的，后被人借走了也没归还。记得这本书刚发行时，时任上海三联的总编辑陈保平曾送过我一本。那日我在他办公室，他对我说："老张，你看在那全黑封面上，我还特地用焦墨加上一笔，此意蕴深矣。"的确，当我在遥隔了十多年后的今天，重新来审视这一笔，仍觉得有一种莫名奇谲之感跃在其中。

胡河清，一个书香门第之后代，一代文才，文学博士，撰《真精神与归途径——钱钟书人文工团世界探幽》深获钱钟书回函报谢，不啻对"钱学"有深入之体悟。而他的文学评论集《灵地的缅想》更让人读之缅想不尽。

正当风华正茂，才智的发挥正值良辰美景之时，他却以34岁之年华岁月，选择一个大雷雨之夜，自沪上"枕流公寓"跳楼自殁。守着太多的秘密，承受着生命给予他难言之重负——走向了如他自己所说的"还我清静正身"的另一个天国中去了。

劳歌一曲解行舟，红叶青山水急流。日暮酒醒人已远，满天风雨下西楼。

此乃他专门请人书写，天天挂在自己床边的条幅。他曾戏谑自己之名胜“胡河清”，即“何日可清”？

何日可清？谁能回答？“众芳芜秽”，也许他处在孤立的境地，众人皆醉，唯他独醒。这世上往往如此，难活者，应是“独醒”者！也许是上下五千年历史之永远重复？

诗人式的炽烈之情感，冷峻又悲壮之心理，追求完美，追求清白而崇高之人格，读他的《文存》犹如读屈原之诗句：“伏清白以死直兮，固前圣之所原！”

他是屈子，抑或是王国维，是老舍，还是傅雷？不甚了了也！

胡河清，20世纪60年代出生于黄河之滨。母亲徐清辉是著名的美学家，也是新中国第一位赴哈佛交流访问的学者，在她的影响下，胡河清从小涉猎极广；他师从钱谷融先生，钱先生因此欣赏他的才气。我们追溯于他的祖籍却是出文才与出徽商的绩溪。有时我想，他之性格，兴许正是由这两地所生。黄河流域的坚强以及安徽绩溪的文才，这就是他双重人格的组合。

当然，他之童年确也经历艰辛，在他的《自序》中，他曾说：我满月时就离开了那块大西北的“血地”。我从小就居住在上海一所历史悠久的公寓里。童年时代时常被剥落的粉墙上爬行的光斑所惊起，似乎四周潜伏着难以计数的幽魂。我在大约十五六岁的时候，又回到了生养我的地方。我当时穿的衣服在班上是最褴褛狼狈的，这可以充分表现出家境是如何的凄凉。我幼小的年纪，挑起了家庭中几乎所有的生计。少年时代的艰辛……突如其来的身世变故使我失去了涉足高峻深远的灵地探险、游历、朝圣的机缘。忆及自己的前半生，风和日丽的良辰美景甚少。

二

人们常说性格决定命运，那么是否正是这黄河之水抑或新安江之水在他心中激涌流淌、贲发，甚或突兀地撞击，致使他选择了这令人难捉摸的命运。这样的冷寂的选择，是否正合了他自己的评说："一个无私地用自己的情爱去拥抱世界的人，他的生命便成了与这个世界血肉相连、不可分割的一部分，因而也就具有无限丰富的内涵，焕发出无比绚丽的光华。"我想，那不善交游，拙于言辞的胡河清，不就是这样的人吗？胡河清是个热爱生命的人。他的遗物里留下四大本影集，很大一部分是他拍摄的风景照。他所游历的风土人情，还有身边细小事物都被记录在镜头里。在胡河清的遗物里，还有他当年的文摘卡，摘抄了他喜欢的黑格尔《法哲学原理》中的句子："生命，作为各种目的的总和，具有与抽象法相对抗的权利。"我想，这便是他对生命存在的意义的终极理解。也是他对生命热爱着的全部解读。世界上总有这样的人，无论是光明乃或黑暗之时，他们在内心兴许是寂寞的，但他们从未放弃对无限丰富内涵之追求，从未放弃对绚丽光华的渴望。

他内心有着无比的痛苦，但他绝不是为自己之一己利益而痛。有人点评说："河清的许多痛苦，都是因为他这种人格的纯粹和对这种纯粹的执着而伴生的，他可以容忍和理解我们这些朋友身上的世俗和委琐，对自己，却近乎清教徒般地苛刻。”这样的评说，倒使我想起了莱蒙托夫的几句名诗：我们这一群忧郁的、很快就要为人们忘却的人们/将要无声无息地在这世界上走过/给后人没有留下一点有用的思想/也没有留下一部用天才的笔开始的劳作。

也许天才都有那一份焦急，那一份良知，那一份忧郁的思想。都想在这世上留下点有用的思想，不让自己在这世上白白走过。人们有时常笑说“无心才长肉”，也戏说“没心白大才”。又有人说“事缓则圆”。如果说我们的胡河清先生，假若能无心一点，没心一点，事缓一点，也许活到今日，不就是一位学富五车，著作等身的名流了？难道还用得着为了出版一本《胡河清文存》，从和他同届同学从中牵头，从学校到社会，为此书的出版募捐吗？还用得着为此事，遂引起全国范围内的关注？还惊动了276颗悲痛而炽热的心？当然，世事难料，更不可假设。

今日，在我读到有人这样评说他的文章，非常有同感，不妨录之：“把中国的传统文化和西方文论相结合起来并用它来指称着中国当代文坛上的创作，给人以鲜活的感觉。相对于学术界的刻板与呆滞的研究，胡河清先生无疑属于异类，以至一位学殖渊深的国学前辈竟认定他的评论是小说。这种极具个人色彩的论说正是他借他人酒杯浇胸中块垒之所在。在胡河清看来文字的力量全凭体内蕴发着的一股精气，写别人的同时其实也在不断地刻画着自己的心灵。” 据说，在生前的最后一段时光，他一直为失眠所苦。夜夜辗转反侧，沉浸在难以忍受的清醒之中，越醒越想，越想越醒，长久下来，使他的体能和神经处在崩溃的边缘。他对身边的朋友说，“充满了无力感”“缺乏生趣”……也许，他对自身命运和他所目击到的人文知识分子的境遇，是他细致心灵忧郁的一切渊源。

啊，弹指一挥，十多年又过去了。我看到的他，还是笑容清澈、牙齿洁白，透过镜片可以看到他的目光温和而沉静。俨然是一位儒雅的学者的风韵。

周越然　近代一位藏书家

一

金小明、周炳辉编的《夹竹桃集——周越然集外文》（中央编译出版社2013版）确是一个鲜霞风致的好书名。“月光下的夹竹桃，叶影参差，花影迷离，婉美动人”引出无限幻想。且夹竹桃，“一朵花败了，又开出一朵，一嘟噜花黄了，又长出一嘟噜”；季羡林说，“无不奉陪这一点韧性，同院子里那些花比起来。”（季羡林《夹竹桃》）读季老美文，连同《周越然的集外文》，又想起“言言斋”来。当年，他与嘉业堂刘承干、傅增湘、李盛铎、董康等并列为藏书大家。周越然的书斋，曾于百年中，演绎了几度兴衰覆没的藏书轶事，一如奥斯卡的电影，在我脑海映出万千变幻。

周越然（1885—1962），原名之彦，又名复盦，浙江吴兴（湖州）人。是清光绪三十年（1904）的秀才、南社社员；1915—1918年，在商务印书馆编译所任英文部编译，当时与茅盾先生在一起。他是一介书生，英语教育专家、编译家、散文家；一部《英语模范读本》（1918年初版），长盛不衰，风行了几十年，直至2012年，由天津人民出版社为其重版，可见其还有参考价值。

周越然，于读者心中，他还是位民国时期不愿做官的名士。严复曾是他的老师，戴季陶是他的学生，他还因精通拉丁文、德文，颇得辜鸿铭的赏识。由于他自幼熟读国学经典，又喜研究西方文史，于是他积多年丰厚版税之得，竭其所能搜求中西名著，甚或孤本典籍。但1932年遭“一·二八”日军炮火蹂躏，其用稿费所购得之元明孤本，西书古籍、珍贵抄本，毁于一旦。那辛苦搜罗之藏书，顷刻间，灰飞烟灭，言言斋寂灭，受了一次火与血的洗礼。

然周先生遭此重灾，他的爱书、淘书、藏书，不改初衷，不数年，“言言斋”又藏书丰满，凤凰涅槃，如郭沫若说的，“死了的凤凰更生了！”

大劫后，举家逃至租界，言言斋又移居西摩路（今陕西北路），重拾他的著书生涯。尔后，他出版了《书 书 书》《六十回忆》《版本与书籍》等书。诚如，陈子善所评：“以独到之眼，窥视现代中国的社会万象；以清新之文，书写脱俗人生的自然意趣。”

确实，周越然以文笔清丽，知识丰富，内容广博而闻于世。而他用多个笔名，发表在《晶报》上的书话专栏，更因其视野宽广，探索细微，幽默博洽，读者众多，令人入胜。

二

当然，对于周越然于抗战时期，他的一段个人历史，有评说：“‘蓄须明志’固然可敬，日本人到底未蛮力强迫梅兰芳，‘刺刀架在脖子逼唱’，没影的事。前几天读报，又读到一段类似的昏话—— 抗战后，言言斋主卷入不测漩涡。有史料回忆：某日，日宪兵夤夜闯入周氏西摩路住所，将周氏绑架至虹口新亚大酒店，迫周氏参加大会（即1943年8月25日-27日在东京举行的第二次‘大东亚文学者大会’）。而事后周氏深为后悔，自认为有损民族气节。日寇投降后，周氏退出学界，息隐家中。此时，言言斋又寂灭了一回。”

读了这段评说，自然又使我想起王蒙先生于1992年第

11期《读书》上的《人·历史·李香兰》一文中所论述之话。他说“不可能每个人都做梅兰芳”。因为“人的自由选择实际是有限的。人常常是在不自由的情况下，不了解前因后果的条件下，被历史放置在只有一次性选择机会的难点上的”。王蒙又说：“历史只有一个。但不同的人心目中却有不同、至少是不尽相同的历史，于是就有了许多版本的历史了。”

如今，我们再来看周越然先生的历史，定会有几个版本。比如，对于他何日逝世，书上的记载就各有其说。对于他捐出古籍多少，也有不同说法。而在抗战时的沦陷区，日本人强迫甚或将周氏绑架至酒店，要周氏参加“大东亚文学者大会”更有不同版本。上述的“绑架说”，是出自前辈王履模先生（1887—1970，民初北京大学学监，新中国成立后上海文史馆馆员）之口，且有信史为证。周任“团长”，亦非“钦定”；据周发表的，但我认同，这在敌占区时，是常有的事。想必是真实的版本。事后，周先生深为后悔。这也是真实的版本。这正说明了周越然先生，作为一个热爱中国传统文化，同时也热爱日本文化、西方文化的知识分子，在那时期去参加“大东亚文学者大会”，是迫之所然，之后，一种内疚感，油然而生，他自己的书屋言言斋，也毁之于战祸。这是非常正常的内心活动，他的“表现是很自然的”。正如王蒙在文中说的：“历史常常使人变得尴尬，使人感到一种撕裂身心的痛苦。”王蒙还说，“乍一读，似觉匪夷所思。再一想，在那种环境和气氛下，完全可能。”

我想，对这个历史往事，我们若再读邢小群的《难忘梅娘》（《随笔》2014年第3期）文中道出了1995年，梅娘在给国外女儿的一封信中说："我终于在我的祖国获得了对我的肯定的评价。"其实，在1994年4月的一次会议上，梅娘就有一段发言，她说："过去我们评价历史，习惯于不是黑就是白，缺少中间色，这实际是对历史的亵渎。"

于此，使我又想起关露来了，她的身份更是道不明说不清了。她那时的身份是中共地下工作者，但她却失去了爱情、婚姻和人生的一切关爱。（《关露传》，丁昭言著）当我读了丁东先生，张泉先生，以及重读邢小群在《书屋》上的《你好，梅娘》一文，字里行间，读之，无不令人喟叹。

写此，想起张中行先生，他毕竟有洞察犀利的眼光，在《梅娘小说散文集》一书的序言中，他曾说："有守土之责的肉食者不争气，逃之夭夭，依刑不上大夫的传统，把'气节'留给了不能逃之夭夭者，这担子，也太重了吧？"

张中行先生的话，精辟、精准、精当。真可谓"一语道破天机"。中国当时有一半国土沦丧，个人无法选择。只有食肉者逃之夭夭！

周越然先生，相比于梅娘、关露等，要幸运得多。但由此也反映出了一个近代藏书家，于藏书史上升沉显晦的命运。而这一切，只是时代的一个解释。如若用一句老话，也可归结为："几百年旧家无非积德，第一件好事还是读书。"

三

1949年秋，上海解放，周越然先生得陈望道之介绍，到上海水产学院教授英语。

此校，即今上海海洋大学。学生们见的，是一位中等身材，架一副眼镜，儒雅、和蔼、风趣的学者。周先生在教学上，自有一套方法，这源自他中外知识功底的深厚。20世纪90年代后，这位藏书家、编译家、散文家，又引起读者关注，先后再版了《书与回忆》《言言斋古籍丛谈》《言言斋书话》《周越然书话》《言言斋西书丛谈》等著作。

这部《夹竹桃集——周越然集外文》，是民国时期周越然的佚文集。他学通中西，涉猎甚广，著述亦丰，然所著大量文字，由于在其生前未及汇订成集，往往佚散在各类报纸杂志上。故由编者金小明、周炳辉等，于近年勤加考订，打捞出不少佚文，将这些佚文汇集成册。书为三辑，有《文史杂记》《〈晶报〉随笔》《修身小品》。其中发表在《晶报》上的集外文就有两百多篇。

这三辑妙文，其谈书论文、掌故趣闻、时事风俗、知识性的妙文，娓娓谈来。虽不衔接，也无呼应，但周先生笔下几十字乃几百字的小文，却为我们记录了社会生活中的各式人物，留下了民国历史印记，同时写出无数中外文化故事，其体式各异、半文半白的随笔小品，令读者有更大的阅读悬念。由于作者观察细微，深入社会底层的脉络、细胞，为我们摄取了人类学、历史学、社会学家所遗忘的角落，为民国社会，记下了一部广阔的社会生活史长卷。

周越然先生，是20世纪上叶，活动于上海的著名英文编译家和藏书家，在稗官小说和民间戏曲文献领域，作为“南周（越然）北马（隅卿）”的藏品，为人们所重视。70余年前，有顾佛影者赠其诗云：“教书常为天下诗，著书乐煞天下儿。买书买尽宋元版，读书穷探沧瀛奇。湖州老少年，风度何翩翩。不爱做官做名士，香花饮酒浑闲事。”最能状其那一时期他的人文风采。（见南京大学教授、中国阅读学研究会会长 徐雁述评）

周越然在其个人藏书史上，曾发生一段前所未有的奇迹。1930年春天，周越然在上海以重价购得一部《愧郯录》。张元济得知，便前往观看。发现此本系祁氏淡生堂馀苑本，有澹翁手跋，且有毛子晋、季沧苇、朱锡鬯等钤记，系明人写本。惜只存首七卷，是个残本。但是，令张元济激动不已的是：虽然只是半部书，但是各种刊本所缺的那10页书，居然周所得藏本中全在！于是赶紧请人依原书款式，补写各页。结果，所补各页正好前后相衔接，这才得以使《愧郯录》成为完整的一部。张元济从周越然处，获得《愧郯录》所缺之10页后，没有忘记远在东京的日本朋友。他把这10页的影写件，赠送给静嘉堂文库。静嘉堂文库获此珍贵资料，没有补刻，而是把张元济提供的影写纸，直接粘贴在空白的书页上。

周越然所藏明钞本《愧郯录》，是宋人岳珂所撰，其指出其价值在“记宋代之制度，多为史志所未备者”。而且指出此作，自宋刊刻以来，直至明清的校刻本，皆因缺10页，竟无完本，而他收藏的明钞本，却成全了这部书的完璧，因而“不禁狂喜”，后以此本，供商务影印，补宋刊之不足。这于从事藏书者来说，不乏是个藏书史上的离奇故事。2006年5月，我有幸在静嘉堂文库，阅读宋刊本《愧郯录》，亲睹了所补10页的书纸：白色极薄的影写纸上，字体是那么秀雅古朴、遒劲；无框无行的影写纸，粘贴在框行清晰的书页上，版面是那么特别；按明抄本影写的小开本纸与宋刊的大开本书，又是那么不协调。只有边款“据吴兴周氏言言斋藏谈生堂抄本补写”，一行小字，刹那间，我似看到了中国藏书史上，一个实境再现的曲折艰巨的风采。可说是一个无声胜有声的化境。

四

鉴此，我想再在此抄录这集中刊出的周越然的祖父于清末所撰的一节《螟巢日记》，我个人读后，感觉甚妙并联想翩翩，飨与读者共赏：

至天宁寺。寺去彰仪门二百步许，野田古木，景状清绝。车行迤逦，从侧门入。庭院森若，微有绿阴。寺僧邀延就座。茗罢，导至后园。牡丹数丛，英英相杂。同人捷足者，俱登坡陀月台上，余亦摄衣从之。台虽不高，可纵远月，平芜无限，远接山黛。寺僧曰：“此台非只看月佳，雪余雨后，乃更佳耳。”浏览半晌。由香积厨折入正殿。殿前有浮屠极高峻，无梯级不可登。又前行至一殿，塑铜释迦，一手托钵，一手下垂过膝，伸五指若求布施状。游寺中者，率以钱掷钵中。钵去地三丈许，铿然一中，以为大佛欢喜。……又至客堂吃点心，茗话良久。夕阳西匿，膏车进城。至如松馆饭，有仪仙兰舫。

读了这样的文字，其胜迹风景、佛教文化，饮茶风俗、京城风尚，了然心中，而文笔隽永，简洁生动，富有情致。

当然，在《夹竹桃集——周越然集外文》中，这般妙文多多，其史料、文化价值，限于篇幅，一纸拙文，实难写尽。（读者可找此书一读）但是，现网上读者，喜爱这书极多，连同它的书名。兴许，在爱书者心里，“言言斋”这个名字，仍然活着，犹如“一嘟噜花黄了，又长出一嘟噜”——那样花影迷离，那般婉美动人。

吴凯声　一位民国大律师

一

记得前年去乌镇参加孔另境纪念馆落成典礼，邵洵美的女婿吴立岚送了我一本书，那日匆匆，一看题目是《吴凯声博士传记》。因我对传主陌生，此书就一直搁在书架上。时隔了两年多，偶于网上读到这样一段话："寻找一本书：《吴凯声博士传记》"，读了这几个字，我深以为憾，人家求书恳切，我却放着不读。博主还说："吴凯声是民国著名的律师，当年曾为政治犯廖承志等人做过辩护律师。他的书到处找不到。不知哪位朋友知道线索，或复印，或原书均可，谢谢。"我遂仔细阅读了此书。这确是颇值一读之书。全书讲述吴凯声一生事迹，编入了吴凯声所作诗词484首，前有吴凯声晚年照片两帧，还有沪上有名女画家吴青霞为他所作画像一幅。书由吴凯声编述，吴立岚、林淇编撰，约24万字。诚如贺崇寅先生序中所言："80年代改革开放之初，某一社交场合和吴凯声老先生相识。那时他和夫人吴敏女士正在为中法友好交往努力奔走，他曾多次促成了中法、中美之间的文化交往，如音乐、戏曲、杂技等文艺团体的互访。"而这书，却是吴老于90岁后收集、整理、口述而成。直到94岁才出版问世，不禁有与读者见面晚了之惜。

吴凯声（1900—1997）江苏宜兴人，他是20世纪的同行人，一个世纪的风雨往事，可从他身上折射出多少历史风云变幻。他18岁从宜兴到上海，在哈同创办的爱俪园苦读两年多，以优异成绩从上海仓圣明智大学（现知道这所大学的人已经很少）结业。1921年7月，他与120多名贫困生随吴稚晖一行赴法留学。到法后，先在中法大学，后转里昂大学学习法律，兼学政治、外交、经济。因家境贫寒，还兼任了上海《申报》、新加坡《新国民日报》驻欧特约通讯员。1924年在法国里昂大学法律系获法学博士学位，后任巴黎大学最高国际法学院研究员、巴黎比较法学院通讯院士。他的导师华特·龙培儿是世界比较法的权威，他从师研究得益匪浅。吴凯声的博士论文是《中国宪政史》。因论文优秀，当年在巴黎齐亚法律出版社出版。之后，1925年至1926年，他任英国伦敦大学校外研究员，并在巴黎圣拉萨中法银行当实习员；同时又到巴黎最高国际法学院研究外交。1926年，他回国后任北洋政府法律顾问，又兼任上海法科大学教授，和于右任、蔡元培、沈钧儒等人同任该校校董。因该校校长潘大道思想“左倾”，被反动势力刺死，学校遭法租界查封。他接受学生代表史良及钱剑秋的要求，以教授及律师身份，向法租界当局强烈抗议，使学校得以启封及复课。他那时是上海法租界及英租界会审公堂律师，用英语、法语进行辩护，成为当时法租界法庭的第一个中国律师。1926年8月，在日本水手残杀我国车夫陈阿堂一案中，他不畏强暴，细查深访，搜集证据，公开揭露案情真相，为死者申了冤。这是当时中国外交司法案件上破天荒的一例。

二

1928年国民政府建都南京，吴凯声任外交部秘书，兼办中法、中意宁案委员，后转任外交部法律顾问，仍做律师。1929年夏，他被奉派为国际联盟中国代表团常驻代表，兼驻瑞士特命全权公使。于日内瓦四年多时间中，他曾多次出席国际会议，如劳工大会、限制关税国际会议、国际裁军会议等。1931年9月18日，日本侵略东三省，吴凯声博士与施肇基（驻英公使）、王家贞（外交部次长）出任国联代表，他在日内瓦与法国外交部长白里昂（Briang）等接洽，争取国际对抗日阵线的同情，对我国被侵略情况叠次发表宣言，慷慨直陈，博得国际好评，并与国联秘书长商讨组织国际调查团到华。

1932年，吴凯声在上海担任各工会、各商业联合会、各同业工会团体的法律顾问。当时，他曾受周恩来之托，为著名共产党人陈延年（陈独秀长子）出庭辩护。1933年，吴凯声又接受宋庆龄之邀，担任中国民权保障同盟义务法律顾问，并任中国民权保障同盟营救政治犯五人委员会委员（宋庆龄、蔡元培、杨杏佛、沈钧儒和吴凯声）。当年3月，全国总工会秘书长王其良被捕叛变，当天下午廖承志、余文化、罗登贤三人因此被捕。当时年仅20岁，已秘密参加中国共产党，担任中国海员工会中共团书记、中华全国总工会宣传部部长等职的廖承志，正在上海参加一秘密会议，由于叛徒出卖，落入了国民党老闸捕房探员和法租界的密探之手，处境十分危险。吴凯声作为辩护律师，还动员多个律师组成律师团为之辩护。吴凯声当着各界人士之面，一一列举事实，与租界当局律师激烈辩论；整个审讯辩护过程，起伏跌宕。一代大诗人柳亚子也亲临旁听。可是，法庭依然将五人引渡给坐落在南市的上海警察总局。面对这样的情况，吴凯声智才双全，当庭审完后，他巧妙地紧随囚车到总局；他根据国民党刑事诉讼法关于被告侦询完毕，可交辩护律师“责付”出狱的规定，要求总局立将被告廖承志“责付”给他。（当时如没能在上海将人救出，引渡到南京，廖承志的生命将毫无保障。）经过吴凯声等人据理力争，警察局局长蔡劲军，虽是他留法时的同学，但终不肯松口。这时，吴千方百计说动蔡，向上海市市长请示。最后，蒋介石因碍于何香凝倔犟脾性，又是元老，终于将廖承志交给辩护律师吴凯声带走。当晚，吴凯声即将廖承志保送至辣斐坊7号（现复兴中路复兴坊7号），交给了何香凝老人。廖承志被救出后，何香凝特亲笔画了一幅《猛虎图》赠予吴，是借喻他在法庭上与当局斗智的坚猛勇威。当年，陈赓在上海被捕，也是由吴凯声为其辩护而获救。而1933年6月17日，民盟重要领导人杨杏佛被蒋介石指使军统特务暗杀，吴凯声临危受命，冒生命危险处理杨杏佛身后事宜，深入法租界巡捕房，设法找回杨杏佛记录众多民主人士名单的笔记本，并转交给蔡元培，避免了历史上一场血腥的屠杀，使许多的中国民主人士得以逃过一劫。我读吴凯声前半生的事迹，他于这特殊的年代，在十里洋场常任首席律师，每于重大的历史案件总殚精竭虑，奔走呼号，周旋于华洋司法界，他用中、英、法三国语言，雄辩于中外法堂之上，可谓勇猛如虎，驰骋中外。几十年过去，吴凯声晚年对昔日几位好友仍一直怀念不已，如《悼念廖承志》一诗："五十年前一儒生，门庭冷落订新盟。仲恺遗恨成千古，承志蒙荫享大名。今日几多人凭吊，他年赢得客心惊。江山依旧春风里，花落能无惜两京。"这是为悼念承志而作，但更多的是想起早年追随孙中山参加同盟会的廖仲恺1925年被暗杀的情景，虽江山依旧，却无不伤感。吴凯声，既是上海大名鼎鼎的大律师，又在民国外交史上留下了他的名字。但是，他后来却说，自己一生中最大的成绩，不是诉讼，不是外交，而是作诗。我想，尔后吴凯声于抗战时期到新中国成立后，若从个人命运来说，可谓风雨多难，半生坎坷。

三

他是一位著名法学博士，又是一名伸张正义的有识之士，可当旧社会的黑暗逝去，迎来了曙光，新中国成立后，他却渐行渐远地离开了曾叱咤风云的法坛，同时也远离了他心爱的这个职业。虽然他曾在沈钧儒、章士钊面前，提出以法治国的思想，但亦无人理睬。他的法学专业更无业可使，大小律师不能当了，在上海只能当一名里弄扫盲老师，后自办小化工厂谋生。1955年，吴凯声以“悬案在身的历史问题”被送往上海郊区农场劳动改造。从此，只有诗神缪斯陪伴他度日如年。1957年因病保外。1966年，已过花甲之年，又劫数难逃，成了“历史反革命”，抄家批斗，提心吊胆，头提在手中过日子。“文革”之中，过去营救的义举，反要为“廖承志案”受七次的“逼、供、信”，遂成了罪上加罪之人。在说不清道不明的形势中，他曾萌短见，但终于挺过来了，生命于脆弱与坚强之间存活下来。

吴凯声后半生，直至80岁以后才发生了改变。幸享长寿，他才又有了众多的友人，如汪道涵、孙中山孙女孙穗芬等，以及法国等国的许多朋友。1984年11月，法国总统密特朗和夫人抵沪，曾在法国驻沪领事馆特地宴请吴凯声和夫人吴敏。人生过眼云烟之际，也许唯有诗是吴老度过晚年最好的朋友。你听：“萧萧雨雪满窗前，斗室寒寒孰为怜；三十年来无别物，只有白发与残篇。”（《穷愁诗》）又如：“乍闻爆竹动人肠，流水韶华不可当。月下梅枝寒白雪，窗前灯火暖红妆。思家无梦空床冷，听雨有声夜漏长。伴我犹留诗一束，且看饥鼠上窗墙。”（《岁暮杂感》之一）另，一首勉儿诗，更显其对生命坚贞的象征：“窗前风动声疑雨，月下鸟鸣影自横。劲节无情人孰重，秀姿潇洒总坚贞。”（《咏竹诗——勉励立岚儿》）这首诗，是写给儿子的，但却充分反映了吴凯声历经一切后的另一番人生体悟，包括他经历的中外生活、浪漫风情、铁血哀乐等等。当然，于1991年老妻因公赴京突然逝世异乡，他的那首悼亡诗，更使人声泪俱下，悲痛不已。如今，他录出的484首诗，均载于这本传记上。时至今日，虽早“人琴俱亡”，但后人寻找这本书，茶余饭后，确颇值一读。因为，吴凯声的一生，可讲的故事很多，可谓琳琅满目、丰富多彩，充满着上海滩的传奇色彩。我想，也许单讲他“营救廖承志”那动人的一节，就可拍成一部电视剧，出现的民国人物就有几十个。而他早年的论文《中国宪政史》也有探讨的价值。可惜我昨日打电话问立岚先生，他说是法文，还未译成中文版。

如今，离他老逝世又14年了。我们若越过20世纪，回头再来看吴凯声博士的一生，我相信许多读者会喜欢这本传记，因它毕竟为我们发掘了一位前辈学人，以及让我们窥见了一个民国大律师的身影。

写于2011年秋听雨斋

卢芹斋 世界顶级古董商

一

1948年6月，受故宫博物院院长马衡派遣，王世襄去国外考察博物馆。日程中第一站是美国，其中有美国最大的纽约博物馆，他用了两天的时间巡视了一下。同时，又用了三四天时间，对纽约的几个比较著名的博物馆进行了考察与交流。如美国的自然博物馆，是全美最大的一个自然博物馆；纽约市历史博物馆，是专门陈列与该市有关的重要文物，着重表现了该市的历史发展；现代艺术馆，专门陈列奇形怪状的造型艺术作品。

11月中旬的一天，经文物专家史克门介绍，王世襄特地到纽约第57街，去拜访了于国外最有名气的一个中国古玩商，他名叫卢芹斋，年约70岁，早年在法国经营古玩多年，后又到纽约开设古玩店。经他之手，不知有多少中国文物流落到国外。美国博物馆，凡是有中国文物的，几乎都是他的主顾。当时卢芹斋有一批比较重要的中国绘画，王世襄主要是为看这批画而去找他的，并向他说明，要将在美的重要绘画，写成一本《读画笔记》，但这次来不及细看，待明年来纽约再细看。卢先生爽快地答应了，并供给许多照片。卢还请他吃了饭，同席的还有普爱伦及卢的店员数人。（见拙著《王世襄传》第六章）

我另有一文《新月张开一片风帆——记陈梦家》，也写到卢芹斋其人其事。其实，陈梦家从西南联大去美考察青铜器时，也同样与王世襄一样，特地去接触了卢芹斋先生。陈梦家先生在美国期间，尽力搜集流散在外的青铜器资料。他几乎访遍欧美收藏中国青铜器的博物馆、私人收藏家、古董商等；足迹遍及英、法、荷兰、瑞典，甚至还登门拜访过酷爱中国文物的瑞典国王。他对每件青铜器都细加观察，做好记录，拍摄照片。在美国的三年，陈梦家先后用英文撰写了《中国铜器的艺术风格》《白金汉所藏中国铜器》等研究论文，深受国内外学者的关注与赞许，当时的罗氏基金会邀请其永久留在美国做研究工作，但怀有一颗爱国心的陈梦家，还是义无反顾地踏上了归国之路。

陈梦家和古董商卢芹斋也曾多次晤面，一位是搜寻流失欧美中国青铜器的学者，一位是大半辈子生活在国外并已早在国外成家的老牌古董商，他们虽年龄上相差30多岁，为了交流中国的青铜器学术，尔后还真成了忘年交的好朋友。无论王世襄，乃或陈梦家，都与这位神秘的古董商有着联系，乃因三人虽职业不同可均酷爱文物，而巧的是他们所秉赋有同一地域的乡土情结。卢芹斋对他们两位，不仅不隐瞒自己贩卖中国文物的情况，还向陈梦家夫妇和盘托出自己毕生经营过的所有商周青铜器记录，并提供介绍了与其关系密切的国外博物馆以及私人收藏者的名单，从而让陈梦家在国外的搜寻考证工作，得以圆满地完成。1947年陈梦家回国后，与卢芹斋先生还保持着联系，这年的10月应陈的请求，卢芹斋还慷慨解囊，从已运到美国的商代青铜簋中选出最精美的几件，无偿赠予由陈梦家牵头筹建的清华大学艺术系文物陈列室。陈梦家夫人赵萝蕤也特地在其文中，提到了陈、卢的这段情谊。看来，中国两位博物大家，均与卢芹斋有着千丝万缕的关系。那么卢究竟是一位什么样的人物?

二

今年三月，正是草长莺飞之时，一个重要的讯息，正揭开了这位世界顶级古董商的神秘面纱。少年时在香港长大、现为法国驻上海总领事夫人的罗拉，她的另一个身份是中国古代艺术研究专家，多年前在华盛顿博物馆从业的经历，使她对古董鉴赏拍卖十分熟悉。她研究卢芹斋已经多年，今特在上海家族史作家宋路霞一行的陪同帮助下，专程赴湖州塘甸乡卢家兜寻访了卢芹斋先生的故里。罗拉女士对国际上影响很大的卢芹斋非常感兴趣，她与卢芹斋当年最得力的助手、现年93岁的小女儿素有往来。她为了想写一本卢芹斋传奇经历的书，特地来湖州寻根。罗拉几乎走遍全球，凡与当年卢芹斋有过古董交往的地方，一如美国、法国、英国伦敦等大小博物馆，她都去做了调查，大量收集了与卢芹斋平生有关的图片文字资料。

卢芹斋（1880—1957），出生于浙江湖州塘甸卢家兜。近世卢氏家族，在当地也是豪门大户，他十几岁时，便只身到法国寻找商业机会，卢芹斋在域外的人生起点，开始只是在马赛以打短工为生，后转至巴黎。一个偶然的机缘，结识了当时清政府驻法国使馆中的亦官亦商的张静江。之后，他便在张开办的通远公司古董店当学徒。他刻苦学习古董店的各项业务，又学说了一口流利的英语、法语，很快就受到张静江的赏识。辛亥革命后，张静江回国协助孙中山，卢芹斋就独立门户，自己开办了一家古董店，名为“卢吴古玩公司”。而这时的国内，正是清政府垮台，北洋政府执政，当时，军阀割据，国内政局常常是“城头变换大王旗”，连故宫内的古物珍宝也纷纷流出，可见其他各地的文物外流之状。卢芹斋凭着鉴别中国文物的本领，低价收购了不少古稀珍品，推销到欧洲市场。这个公司在中国古董界文献中有详细记载。当年卢吴公司收购价格总比别家高上一成，而收购的古董，也大都是精品，如青铜、古玉、瓷器、字画，凡珍稀之品，一概接收。虽然当时古玉，在国外买家较少，但是卢芹斋照收不误，果然慢慢地一些欧美收藏家也收藏中国古玉。上海的吴启周、北京的祝续斋都为卢芹斋进货，古董收集上来后，都集中到上海，由吴启周发往巴黎或纽约。可以说，卢吴公司是中国当年规模最大的古董出口公司。渐渐地，卢芹斋成为享有盛誉的中国古董鉴赏家，也成为欧洲华人中的名人。

他在欧美一带经营文物，几十年下来，无不也同时让欧美收藏者，渐渐学会了欣赏中国墓葬文物。如墓葬雕刻、青铜器、陪葬古玉、陶俑、佛像等等。若从某种意义上讲，卢芹斋是让西方认识中国古董的启蒙者。他赢得了欧美收藏者的青睐。他经手的很多古董由死变活，由冷变热。卢芹斋在古董行的地位可谓是呼风唤雨，一言九鼎。经他手出售的中国古董，最为收藏者所信服并成为抢手货，就这样于几十年之中，他穿梭于欧洲各国和中国各古董商之间。据中国古董界人士介绍，目前存在于海外的中国古董，约有一半是经过卢芹斋的手售出的。第一次世界大战后，卢芹斋在纽约开设了美国最大的古董店，自1915年起卢吴公司向美国出口文物长达30年，国宝不计其数。这其中包括许多国宝级的文物，其中以昭陵六骏中的“飒露紫”和“拳毛䯄”最为著名，它们大约在1916年至1917年被运至美国，被卢芹斋以12.5万美元卖给宾夕法尼亚大学博物馆。

最值得一提的是，卢芹斋还在法国建造了著名的“巴黎红楼”，这座象征着中国博大精深的历史与文物相融合的中国式房子，可以说是他一生用心血建造的标志性建筑。这也是他用文物营造中国文化气氛的中西结合之产物。笔者曾于2003年出访欧洲做考察时，为当时撰写《张静江传》，特地去看了两座标志着清末民初中国政治经济转型的重要的外在见证物，一座是张静江当年在法国巴黎达候街25号的通运公司大楼，一座就是卢芹斋亲手所建的坐落在巴黎离凯旋门不远的“蒙梭公园”附近的红楼。那是个秀丽迷人的地方，楼分五层，现其一部分建筑，已被巴黎市政府列为文化遗产。巴黎的东方风格建筑可谓凤毛麟角，但这座神秘的红楼，将会承载着卢芹斋的人生故事，永远伫立在巴黎。当然，新中国成立后，曾与他做古董生意的，留在大陆的商人，有的被拘囚，有的被批判。因为，从中国流失于海外的文物很多。如从1900年算起，从敦煌文物的损失，以及如卢芹斋贩卖文物，泱泱大国文物之流失，是中华民族的一大损失，是一个民族的灵魂之痛！

如今20世纪的历史又翻过了一页进入了新世纪，两座一中一西的老房子尚在，但两位主人却早已离别了曾经热衷的政经风云。忆当年卢芹斋先生，也曾捐款资助过辛亥革命，在一段时间内，他每天还在法国巴黎的红楼免费资助中国留学生的午餐。至1957年，卢芹斋死于瑞士，终年78岁。晚年的卢芹斋，感到自己的一生充满了矛盾，他承认自己使不少国宝流失于海外，但他又为这些国宝避免了战乱从而得到了保护而感到幸运。

历史是人类生活的记录，20世纪社会生活的错综复杂，便注定了一些著名人物的思想与心理的复杂性。因为，这个世界是多么的跌宕起伏，任何以一段时间内做出的定论总会使人贫乏。诚如王船山所言：“正邪存乎人，是非存乎言，功罪存乎事；三者相因，而抑不必于相值。”只有漫长历史与时空不会被权势所左右，最后对一切往事做出公允的评价。

20世纪的百年历史，若以几千年中国文物为一条轴线窥之，我们则可从一个侧面透视中国的历史风云。若再从世界的政治、经济之一角视之，于这个历史人生的大舞台上，许多人物于20世纪之中，都活灵活现、生龙活虎地演绎了涉及革命、文化、经济、考古、学术等一幕幕的大戏，而这幕乡土传奇故事剧的角儿，便是张静江、卢芹斋、陈梦家以及王世襄了。

俞平伯

从《明定陵行》说起

一

那年，我去北京，正是草长莺飞的三月，但北方冷空气时有袭来，总感春风刺骨的寒冷。一天，清晨四点多去潘家园淘书，然后，去通州张家湾冯其庸先生家。车到张家湾的街口，远远望去，向西还有几缕炊烟，身后小山影，也越来越淡。淘书连早饭也顾不上吃，买几个馒头匆匆带进冯家。轻轻敲门，出来引我们进屋的是一位女士。穿过狗吠不断的那个园子，觉得这里的布局，仿佛是《红楼梦》里任何一种事物的象征，兴许这便是冯先生花了不少心血搬到张家湾的意蕴。

走进“瓜饭楼”，他们夫妇刚起来煮茶，看我们这副样子，夫人夏老师一边泡茶一边拿出可口的点心。围坐小屋，一边品茗，一边就谈开了红楼梦的话题。我向冯先生讨教了范锴（1764—1845）的生平事迹，谈及乾隆年间范的一部红学著作《痴人说梦》。冯先生虽耄耋之年，但记忆很好，说此书国图有藏，可帮我找，使我喜出望外。这是我乡前辈的红学重著，多年夙愿就想一读。

闲谈中，冯先生忽然说起他有一件多年的藏品，是俞平伯先生手书的扇面墨宝，大小与普通折扇相仿。在此扇面上，俞平伯先生用楷书写下了一首七言古诗《明定陵行》。斜坐在我旁的冯先生喝着茶，慢悠悠地告我一个秘密，他说：“唉，这墨宝非我的，原是刘海粟生前所藏，后他儿子在上海开画展时，把这件藏品相赠与我！”这珍藏之物，还是从上海刘先生那里流出，真想不到。缘于冯是国内知名红学家，收藏同是红学家俞平伯的东西，也是情理中事。“此件藏我处已久，我总想把它传至值得收藏之处。”冯先生又说，“俞平老这件墨宝，写得精妙，诗意深深，理应让它展示于世人！”

我见冯先生沉思着。就在这一瞬间，我忽想到：俞曲园、俞平伯的故里，应在浙江的德清，而历史上第一个研究《红楼梦》的戚蓼生，也是德清人。俞平伯墨宝，如能放到德清，应属完璧。

说起戚蓼生（1730—1792），他曾购得曹雪芹八十回本的《石头记》抄本，赞叹不已，为此写了一篇序。戚于乾隆三十四年中进士，仕途很顺，官至福建按察使。戚蓼生和曹雪芹是同时代人，这序当然重要。俞平伯曾赞赏说：“戚蓼生序……向来不大受人称引，却在过去谈论《红楼梦》的文章中，实写得很好。”戚蓼生为人洒脱，好谐谑，平时起居，不修边幅，但有理政才能，是典型名士派头。戚对《石头记》的写作艺术，推崇备至，他认为书虽只八十回，但不主张再写续书，认为不全无妨。还说：“《红楼梦》是没有写完，但想续写，定是很蠢的事。”尔后《红楼梦》刻印，由戚蓼生写序的《红楼梦》遂称戚本，它和程伟元的程本《红楼梦》，均属红学研究的两个重要版本。

“俞平老的墨宝，存放浙江德清，冯先生不知以为然否？”我对冯先生最后说，“那里的博物馆，专门陈列了俞平伯先生的一些遗物，也有几件墨宝珍藏。”冯先生对此提议很是喜欢，分手时就说：“容我身体好些，慢慢寻找出来！”

德清也是青瓷的发祥地。终于有机会到德清参加一个古瓷展，遂把此事转告了德清的领导。德清领导很重视，为此事几次走访冯先生家。俞平伯墨宝，几经联络，终由冯先生亲手交给德清专程赴京的领导手中，冯先生这件多年珍藏，终亦回归了有红学渊源的德清。

冯先生雅兴不减当年，那天还特在俞之扇面上，再用朱色楷书，写了如下的话："此俞平老手泽，由上海刘海老后人转赠，今即归之俞老纪念馆，得其所也。冯其庸记。"字迹清雅劲秀，虽舍不得，但"得其所也"四字，一派温情在。

二

世上事看来毕竟有缘，如今，让后人能永远欣赏到这精美的扇面，算是德清乡人之幸甚，也是大众的幸事。此可谓一个89岁红学大家，期盼地方发展红学研究的心声。在当今书画拍卖走火入魔之际，冯先生立马无条件割爱，足见冯其庸先生之大气，应感谢他的无私捐赠，才成就此举。

因限于扇面空间，俞老手书非全璧（写至"时向深山仆大木"处，见俞平伯《明定陵行》手迹）。俞老整首《明定陵行》尚有最后十句，未能写得，故现将《明定陵行》抄录于下，以让读者赏读研究，并可对照其墨宝遗物观摩。

明定陵行

大峪山前野殿荒，秋风飒然秋草长。悬梯斗下八十尺，眼中兀突金刚墙。无端瑶阙埋黄埃，券拱三层迤逗开。只道千秋巩金石，那知弹指轻尘炱。宫车晏晚定陵路，世态云衣几朝莫。王侯万骑送北邙，难救君家一抔土。赢得飞龙玉座寒，强携金盌出人寰。昭阳无福眠云母，犹戴珑玲九凤冠。役民地下兴华屋，不意儿孙亡国速。金高未餍狂夫心，巢倾忍听千家哭。远从涨海浮明珠，时向深山仆大木。妖书梃击尽奇谈，专宠争储皆乱局。青史何曾判是非，牛山何必泪沾衣。南屯不落新欢笑，废垄残丘对夕晖。漠漠土花翠钿路，沉沉烟烬鱼灯路。银泉山鬼悲狐兔，谁续梅村更赋诗。

今读俞平老之诗，看似明白，但诗之意蕴深邃，如用白话翻译，兴许诗意丢失。此诗既写了明朝事，又蕴藉世事，怨而不怒，正是对阅读俞平老“古雅蕴藉”（梁遇春语）之诗，大有助益。为深读俞平老此诗，我特地请教黄裳、邵燕祥，以及天津研俞专家孙玉蓉诸先生。他们均谈了自己的看法。现顺录以下：“俞老《明定陵行》，所用皆明十三陵故事，以及晚明宫中三案故实，无何秘典。不劳笺记也。”（黄裳，2009年3月20日信）另，据邵燕祥先生回忆，他说：“俞平伯此诗所作应在20世纪60年代参观时后感，因当时北京明定陵，刚对外开放可让人参观，其是十三陵最大的三座陵园之一。”孙玉蓉先生在给我的信上，也谈了对诗的看法，她说：“冯其庸先生为了丰富俞平老纪念馆的收藏，能够把俞平老的真迹割爱转赠给纪念馆，这种高风亮节值得颂扬。对于俞平老的作品，少一点解释无妨，可以让读者自己去理解，见仁见智。俞平老的学问功底深厚，我们如果解释不准确，反而会找麻烦。“（孙玉蓉，2009年7月20日信）我读之深感俞老无论古诗、新诗（见《西还》《冬夜》）均耐读回味不尽，其诗都别有一番幽默澹泊、蕴藉深邃的境界，让读者见仁见智。我很想有专家学者再解读《明定陵行》

诗，俞老于何心情写下此诗；而且有一奇望，俞老手书旧作时间是1980年，是为心正同志所嘱，想心正先生还在世，后何如传入了刘海粟先生处?

“密重重的帘幕，尽低着头呆呆的想！”（俞老新诗）我仿佛又回到了他当年的古槐书屋，呆呆地想起2010年1月8日，是俞平伯先生诞辰一百一十周年，今迟写此文，也算是对红学大家及诗人的一个纪念。

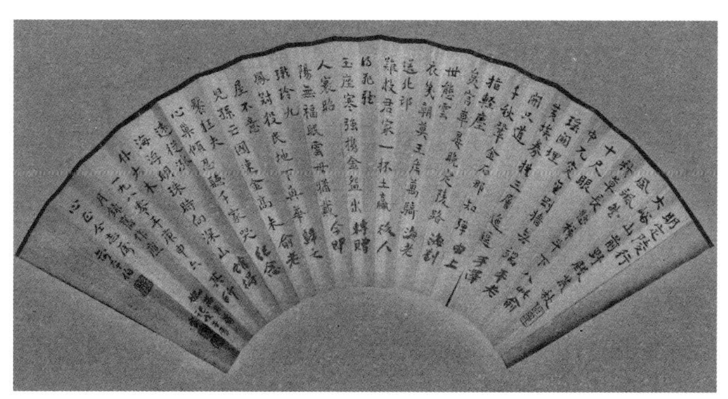

金隄　与《尤利西斯》结缘的人

（写于2008年12月，金隄先生逝世后一月）

一

我的乡前辈金隄先生，于2008年11月7日，在京驾鹤而逝，他虽已达87岁高寿，但作为一位卓有成就的著名翻译家，我不免为他的仙逝而哀痛。因为在我们众多的翻译家中，他第一个把20世纪一部伟大的小说《尤利西斯》译介到了中国，且耗费了16年这么一个漫长时间来完成。乔伊斯的这部作品，于1922年在巴黎出版后，暌隔了70多年之久，首个中译本，才出现在中国读者面前。这无疑是广大中国读者之幸。

我注意到最近一期《读书》的广告中，（2009年1月）译林出版社有了这样的话：译林出版社继《尤利西斯》（萧乾、文洁若译）《追逝似水年华》，再度迎难而上推出《万有引力之虹》。在读者的心中，金隄的中译本，显然比萧乾、文洁若合译的译本早面世。所以，文洁若也曾说了感谢他的话："我现在可以说，如果当时没有日译文，我肯定不翻。如果没有金隄的译本，我也不会翻。"于此，可见金隄在世界性作品的翻译上，有筚路蓝缕之功。其翻译的艰巨也可想而知。

创作一部好作品难，译出一部世界公认的巨作更难；而把《尤利西斯》用中文介绍给中国读者，则是难上加难之事。记得中国首届国际乔伊斯学术研讨会在北京揭幕时，因《尤利西斯》原著作者乔伊斯是爱尔兰人，于此，爱尔兰总统玛丽·罗宾逊夫人，在给金隄教授的贺信中，热诚感谢地说："用了16年时间，将这部杰作，送到有十多亿中文使用者的面前……"这确是轰动世界译坛的一件盛事。

二

中国人公认深奥难读的天书——当属“五经”之首的《周易》，而世界公认难读的天书，那便是《尤利西斯》。爱尔兰人乔伊斯写成的这部意识流长篇小说，很难读懂，一般读者为此书的意蕴深奥，时不敢问津，抑或翻了几页，也难以往下阅读完毕。《尤利西斯》被称为现代派小说的先驱，问世后在世界各国引起争论不休，遂引起轰动。半个世纪过去了，许多翻译家、学者、教授，未敢轻易揽下这件吃力又不讨好的活儿。1978年后，随着中国和世界各国交流之日益增多，对现代派作品得以重新评价，人们为冲破地域、种族和语言的畛域，沟通民族与民族之间的思想感情，促进相互间的了解，于是对诸如萨特、卡夫卡、海德格尔和艾略特的小说和诗作踊跃购买和讨论。于是将《尤利西斯》这部世界性“天书”的翻译介绍给中国读者，已成为迫在眉睫之事。然而，摆在面前的这部《天书》由谁来译？这项巨大的“系统工程”，谁愿去承担？而在当今译界，译书所付出的劳动，要比创作付出更大的代价，可稿酬是那么低，且出版社时拖欠稿酬，谁愿迎难为之？

译者，人们有说，犹相声演“双簧”，是前边那位演员，原作者是后边的那位，要费尽心机构想出原著的形象和意境，尔后经过“再创作”而成。而翻译《尤利西斯》这般“天书”，势必要付出焚膏继晷的艰辛；再说，这样一部艰深难译的世界巨著是智慧的结晶，如经劣手译者稀释，变了原味，甚或把译作弄得邋邋遢遢，导致不可收拾，是愧对读者的。因此，翻译《尤利西斯》一书，令中国译界望而却步达半个世纪之久。

然事情终有旁逸斜出的。《尤利西斯》中译者，恰由乡前辈金隄先生扛鼎起来。金隄，浙江湖州人，父亲金式斌老师，曾任浔溪小学校长及浔中教导主任，可谓书香门第。1936年南浔中学毕业，后入省立杭州高中，1938年又求读于国立三中，抗战时西南联大外语系毕业。抗战胜利后在北大、南开任外语系教授，“文革”后在天津外国语学院英语系教授。1986年在美国定居，搞科研和讲学。说起金隄，他父亲和我先父当年都曾在浔溪小学任教，当然，这个近百年丝商群体崛起的江南市镇，确出过不少儒林精英人物。

1978年，在南开大学讲授翻译课的金隄，应中国社科院之邀，开始尝试翻译乔伊斯的《尤利西斯》，用一年时间才完成了5000字的《尤利西斯》的译稿，但却是填补了我国翻译《尤利西斯》的空白。1981年首次将这部“天书”的章节译出遂发表。1982年，金堤前往美国后，开始潜心翻译《尤利西斯》。直至1993年底，金堤在台湾出版了《尤利西斯》上卷，这是首部《尤利西斯》中文版。

三

《尤利西斯》译本在中国内地、台湾、香港发行量已逾百万册，此译文的忠实、畅达及文采之优美，是世界甚感兴趣的话题。《尤利西斯》之所以成为传世名著，花了16年译出此书的金隄，曾有如是评说：“主要原因之一，是他的人物形象栩栩如生，这一点在小说一开始就非常突出。他完全摆脱了旧小说的窠臼，它没有任何开场白，既不介绍时代背景，也不交代人物来历。”

例开卷第一句话，金隄译作，就直截了当，把这样一个人物形象摆到了读者面前：“仪表堂堂、结实丰满的壮鹿马利根，从楼梯口走了上来……”而“壮鹿”马利根，是小说三位主人公以外，最重要的人物。这开首应该怎么译得正确无误，又富有文字灵气呢？为此，老翻译家冯亦代先生，在1994年8月3日《中华读书报》和1995年第1期的《译林》上撰文，曾评“我不同意对马利根的名字BUCK的译法”并说：“我们认为，BUCK是个教名，不是绰号，而金隄却译作‘壮鹿’……”

“BUCK”究竟是马利根的本名，抑或是他的绰号？对此拙文不想再作赘述（读者如有兴趣，可寻阅《译林》《中华读书报》，并读《文汇读书周报》《博览群书》等刊）。对《尤利西斯》这部“天书”之艰深难译、争论纷纭，我想再录中国老一辈翻译家，二次大战在国外担任随军记者的萧乾先生的话。他说：“我一生从事的一些翻译，例如对近译《尤利西斯》一书，可以说，译书所付出的劳动要比创作大——而且有时会大出很多。

当然创作也是艰苦的，但就心理过程而言，作家毕竟是文章的主人，跟随自己的情感与意志落笔，是处于“有我”之境。而萧乾先生，对译作却说：“碰上像《尤利西斯》这样的怪作，我连在多大程度上能反映原作，都很无把握，更遑论去杜撰什么！”萧先生还说：“《尤利西斯》这本书，有时人物在第三章说半句话，下半句在第九章才接了下去！怎么办，为了向读者负责，只好通过注解来指出前后呼应。全书译完时，注解肯定要超过五千条，仅第十五章就

有上千个注解，个别地方如不看注，就不知所云，难以读下去……”（详见《读书》，1994年7期）

王力（了一）译波特莱尔《恶之花》译序说：“莫作他人情绪读，最伤心处见今吾。”郁达夫在1931年9月《几个伟大的作家》译者序引中说：“近来看见讨论翻译的文字很多……但我对于翻译的见解，仍旧以为能做到‘信’‘达’‘雅’三步功夫的，就是上品。”

我得金隄及萧乾夫妇所译的两种《尤利西斯》，初读一遍，有时是强迫自己硬读下去的，也算是囫囵吞枣。我当是译外说译，以为金隄译文，译笔变形灵动与传神之精神，是极为融洽地化为了一体，既与原文贴近，又富有活力，人物形象深刻，令人难忘。使我们看到了金隄先生在译作上的特色及手眼风趣，而对读者来说，更感其想象力丰富并醉倒于他生动活泼的诙谐中。怪不得金隄在纽约乔伊斯学会演讲时，把BUCK译为“壮鹿”的过程，作为一个重点译法，博得了全场四五十位专家和乔伊斯爱好者的热烈掌声，甚至于会后，还引得许多学者打长途电话，一一向他表示祝贺。

活水，自有源头来，翻译也如此。能取得如此巨大功绩，金隄，他在美国弗吉尼亚大学，还多次来信，谈及在家乡故土就读时，老师给他打下了坚实的外语基础。他说：“《尤利西斯》确是艰深难译的英文名著，但是，我之所以能译好它，若从最早的源头说起，还得感谢南浔中学时，那些好老师给我打的基础。”

金隄说：“蓦地听来，我这话好像有一点夸张，因为《尤利西斯》这书，我在1945年西南联大外文系毕业当助教后，读过一遍，还只是弄个一知半解，但真从深处回顾，我的一生历程，我认为家乡浔中的三年学生生活，确是起了关键作用的。如果我没有这个基础，是很难翻译好《尤利西斯》的……”

我想，这确不是虚言，应属于金隄先生的肺腑之言。

当然，《尤利西斯》爱尔兰作者乔伊斯，只活到1941年，59岁便去世了。如上天还让他活在世上，当他知道《尤利西斯》在中国找到知音，这乔伊斯老人，也该莫逆于心了，并一定会开怀大笑。因为，尽管此书难读，但中国是人口大国，读者总比人家多些。可如今，乔伊斯的中国知音——金隄，也于上月远离了人间，如果作者与译者能有机会以天堂相见，两位智者一定会欣然而笑。

作为《尤利西斯》的第一个中文译者，他为此书翻译花去心血16年，一个睿智的中国翻译大家，在他离世逝去的日子，今天，我们大家无不应该记着他的名字——金隄。